日本語検定公式テキスト・例題集

「日本語」

——中級

増補改訂版

目次

●日本語検定

日本語の総合的な運用能力を測るため、6つの領域から幅広く出題します。

敬語 場面や相手に応じて、尊敬語や謙譲語を適切に使い分けることができる。

文法 規範的な文法にしたがって語と語を連接させることができる。

語彙 さまざまな言葉を正しく理解し、適切に使うことができる。

言葉の意味 慣用句なども含め、意味と用法を的確に把握することができる。

表記 漢字、仮名遣い、送り仮名について、文脈に合った適切な使い方をすることができる。

漢字 漢字や熟語の読み方と意味を理解し、適切に使い分けることができる。

総合問題…右の6領域にとどまらず、読解問題なども扱う。長文を材料にした問題、グラフや表、イラストマップを使った問題などで構成。

受検級の目安

〈受検級〉	〈本テキストの分類〉	〈認定級＊〉	〈各級のレベル〉
1級	上級	1級または準1級	社会人上級レベル
2級		2級または準2級	大学卒業レベル～社会人中級レベル
3級	中級	3級または準3級	高校卒業レベル～社会人基礎レベル
4級		4級または準4級	中学校卒業レベル

＊得点率に応じて、二種類の認定があります。

初級

5級　5級または準5級　小学校卒業レベル
6級　6級または準6級　小学校4年生レベル
7級　7級または準7級　小学校2年生レベル

＊検定開始時刻が異なる場合に限り、併願受検が可能です。
＊金曜日実施の準会場では、任意の時間に実施できます。

日本語の総合的な能力を測る

6つの領域でバランスよく得点することが必要です。領域別得点率が一定の基準に満たない領域がある場合には、認定されません（7級を除く）。

認定基準

総合得点率と領域別得点率の
両方の基準を満たすことで認定されます。

認定級	総合得点率	領域別得点率
1級	80%程度以上	50%以上
準1級	70%程度以上	
2級	75%程度以上	
準2級	65%程度以上	
3級	70%程度以上	
準3級	60%程度以上	
4級	70%程度以上	
準4級	60%程度以上	
5級	70%程度以上	
準5級	60%程度以上	
6級	70%程度以上	
準6級	60%程度以上	
7級	70%程度以上	領域なし
準7級	60%程度以上	

▼その他、詳細はお問い合わせください。

日本語検定委員会
◉電話　0120―55―2858
◉公式ホームページ　https://www.nihongokentei.jp

執筆担当分野

敬語：須永哲矢＋速水博司

文法：安達雅夫

語彙・言葉の意味：須永哲矢

表記・漢字：川本信幹＋須永哲矢

装丁…………………………金子裕（東京書籍デザイン部）

本文デザイン・組版……牧屋研一

※このテキストは、日本語の能力を高めるためにたいせつなポイントをまとめたものであり、必ずしも、「日本語検定」の出題範囲のすべてを示すものではありません。

※本文の検定問題と解答・解説は日本語検定委員会によるものを、必要に応じ著者により改編しました。

●敬語

「敬語」とは

日本語でのコミュニケーションにおいて、敬語は欠くことのできないものである。さまざまな人間関係や場面に応じて、敬語を適切に使用することにより円滑なコミュニケーションができる。敬語が使えるということは、社会人としての常識を持っているということの表現にもなろう。

敬語の種類

敬語を適切に使うには、まずは敬語の種類やその仕組み（尊敬語・謙譲語・丁寧語などの形や働き）について体系的な知識が必要である。敬語の種類を適切に分類できるというのは中級においても基本となるので、まずは敬語の分類を確認したい。また、従来の分類法に対し、新たな分類法が示されているので、その点についても解説する。

＊日本語検定においては、尊敬語・謙譲語など文法用語についての設問が出題されることは基本的にない。

従来の三分類

一般に敬語は「尊敬語」「謙譲語」「丁寧語」の三種類に分けられ、その働きと性質は、おおよそ次のとおりである。

(1)「尊敬語」とは、話し手（書き手）が相手側または第三者の行為・状態・関係する物事などについて、特定の表現をとることで、その相手に敬意を表すときに使う語である。

例　言う　➡　**おっしゃる**

(2)「謙譲語」とは、話し手（書き手）が自身や自分側の行為・物事などを低める表現方法をとることによって、相手側に敬意を表す語である。

例　言う　➡　**申し上げる**

(3)「丁寧語」とは、話し手（書き手）が聞き手（読み手）に対して丁寧に述べるときに使う語である。他の敬語を全く使わなくても、丁寧語を使っていれば、聞き手（読み手）に対して最低限の敬意を示していることになる。

例　言う　➡　**言います**

人称と敬語の組み合わせの原則

人称は、敬語の選択の一つの手がかりになるので、特に尊敬語と謙譲語の使い分けを考える際には人称を意識するとよい。

謙譲語は、原則的に自分のこと（一人称）にしか使わない。＝二人称・三人称には使わない。

例　○私が申し上げる　×あなたが申し上げる　×田中さんが申し上げる

尊敬語は、原則的に自分のことには使わない。＝二人称・三人称に使う。

例　×私がおっしゃる　○あなたがおっしゃる　○田中さんがおっしゃる

丁寧語は、人称にかかわらず使うことができる。

例　○私が言います　○あなたが言います　○田中さんが言います

三分類から五分類へ

敬語はこれまで、前ページのように三分類で説明されてきたが、平成十九年二月、文部科学大臣に文化審議会が答申した「敬語の指針」では、三分類を五分類とする見方が提示された。ただしこのような分け方は、従来の三分類を否定して新たな分類基準を提示したのではなく、従来の三分類を前提に、細分化を行ったものと位置づけられる。

具体的には、謙譲語を「謙譲語Ⅰ」と「謙譲語Ⅱ」に分け、丁寧語から特に「美化語」を切り出したことにより尊敬語・謙譲語Ⅰ・謙譲語Ⅱ・丁寧語・美化語の五分類となる。このような分類であるため、従来の三分類が敬語理解の出発点となることには変わりなく、中級以上の、より正確な理解のために五分類という詳細な観点があると把握しておけばよい。

- 従来の三分類　▼尊敬語・謙譲語・丁寧語
- 五分類　▼尊敬語・謙譲語Ⅰ・謙譲語Ⅱ・丁寧語・美化語

敬語を五種類に分けるという指針においても、それは右で述べたように、従来の三分類をもとに細分した体系なので、新たに区別される分類だけ把握しておけばよい。「**謙譲語Ⅰ**」と「**謙譲語Ⅱ**」の区別、および「**美化語**」が新たな分類を理解するうえでのポイントとなる。

謙譲語Ⅰと謙譲語Ⅱの違い

五分類法においては、謙譲語が「謙譲語Ⅰ」と「謙譲語Ⅱ」とに細分された。謙譲語として典型的なものを「謙譲語Ⅰ」としたうえで、性格のやや異なるものを「謙譲語Ⅱ」として切り分けたととらえておこう。

謙譲語Ⅰと謙譲語Ⅱの違いを考えるために、例としてここでは「伺う」と「参る」を比べてみよう。中級読者であれば、「伺う」も「参る」も、ともに自分が行くことを低めた表現法であり、ともに謙譲語であるという判断には迷うまい。しかし、この二つの謙譲語は、その使い方を観察するとその使用方法に差が見られる。

「**伺う**」は、「先生のところに伺います」という言い方は自然でも「弟のところに伺います」という言い方は許容されない。一方、「**参る**」であれば「先生のところに参ります」「弟のところに参ります」ともに自然である。この違いから、謙譲語は「伺う」のようなタイプ（＝謙譲語Ⅰ）と「参る」のようなタイプ（＝謙譲語Ⅱ）とに分けられたのである。

両者の違いはどこにあるのだろうか。謙譲語とは「自分を低めた表現をすることで相手に敬意を示す」というものだが、実はこの「相手」が二種類に分けられるのである。

一つは文中の**行為の相手**[*]、もう一つはその文を伝える**話し相手**である。典型的な謙譲語としてイメージされてきた語が敬意を示す相手は、文中の行為の相手、「先生のところに伺います」であれば「伺う」（行く）という〈行為が向かう先〉としての「先生」である。そのため、行き先が敬うべき対象とは言えない「弟のところに伺います」という言い方は不適切となる。これが謙譲語Ⅰである。

一方で、同じ謙譲語でも、「弟のところに参ります」のように、「参る」であれば行き先が弟でも適切な表現になる。これは、「参る」という行為の向かう先（「弟」）に敬意を示すという通常の謙譲語ではなく、目の前の話し相手に敬意を示すという特殊な謙譲語だからである。「先生のところに参ります」という言い方においても、敬意が向かう相手は文中の「先

＊行為の相手

本書で「行為の相手」として説明したものは、「敬語の指針」では〈向かう先〉と表現されているものである。行為の〈向かう先〉とは、例えば「先生にお届けする」「先生をご案内する」などの「先生」であるが、このほか「先生の荷物を持つ」「先生のために皿に料理を取る」という意味で「お持ちする」「お取りする」と述べるような場合の「先生」も、〈向かう先〉である。

生」ではなく、目の前の話し相手（それがたまたま先生であってもよい）である。このように、謙譲語の中には、その行為の相手ではなく、話し相手に敬意を示すものがあり、こちらを謙譲語Ⅱとして区別する。謙譲語Ⅱは、あくまで話し相手、それを伝える相手への気遣いから、自分の行為を丁重に述べるという語であり、このため「丁重語」とも呼ばれる。

大まかなイメージとしては、文の中の登場人物としての相手（「目的語」のようなイメージ）に敬意を示すのが謙譲語Ⅰ、目の前の話し相手に敬意を示すのが謙譲語Ⅱ、と押さえておけばよいだろう。

美化語

五分類された敬語においては、丁寧語は「**です・ます・ございます**」といった文末表現、美化語とは、特定の対象への敬意を伴わない「**お／ご**」など、ととらえておけばよい。

「お／ご」の敬語としての用途はさまざまであり、敬意を示すべき相手の名前を「お名前」と表現する場合は尊敬語、敬意を示すべき相手への見舞いを「お見舞い」と表現する場合は謙譲語と認定されるが（15・18ページ参照）、「お／ご」の用法を見てみると、相手に敬意を示すというより、ただ上品な言葉遣いをしたいという動機から用いられる場合もある。「お米」などがそれであり、「お名前」なら名前の持ち主、「お見舞い」なら見舞われる相手に敬意を示すが、「お米」は米の持ち主に敬意を示しているわけでも、米を受け取る相手に敬意を示しているわけでもない。ただ「米」というよりも上品な言い方にするために「お米」という言い方が選択されているのである。

このように、特定の対象への敬意を伴わない「お／ご」が美化語である。

五種類の敬語のまとめ

敬語を五分類した場合のおおまかなイメージを、以下にまとめておくので、比較しながら確認してほしい。例えば丁寧語は、話し相手への敬意表現という限りにおいては謙譲語Ⅱと一緒であるが、自分の行為を下げるわけではないという点で謙譲語Ⅱと異なる。このように、五分類まで細分化されると、ある部分が重なったりするので、それぞれの敬語がほかの敬語とどこが同じで、どこが異なるのかをきちんと整理しておきたい。

(1)**尊敬語**…相手側の行為を高め、文中の行為主体（主語）へ敬意を示す。
　行く→**いらっしゃる**

(2)**謙譲語Ⅰ**…自分側の行為を控えめに表現し、文中の行為の相手（目的語*）へ敬意を示す。
　行く→**伺う**

(3)**謙譲語Ⅱ**…自分側の行為を控えめに表現し、その文を伝える話し相手へ敬意を示す。
　行く→**参る**

(4)**丁寧語**…（自分・相手どちらでも）丁寧な表現をし、その文を伝える話し相手へ敬意を示す。
　行く→**行きます**

(5)**美化語**…上品な言い方をするのみで、相手への敬意を示すわけではない。
　米→**お米**

＊目的語
　ここでの「目的語」はあくまで「そう考えるとイメージしやすい」ということであって、厳密には「目的語」より広く、〈行為の向かう先〉である。例えば「先生の所に伺います」では「先生」に敬意を示しているが、一般的な文法ではここでの「先生」を目的語と認定することはしない。あくまで〈行為の相手〉〈行為の向かう先〉をイメージしやすくするための言い換えとして本文では「目的語」という言い方をしている。

敬語の形

ここでは各敬語の作り方を類型化して説明する。

1　尊敬語の形の作り方

動詞の尊敬語の作り方

(1) もとの動詞を、尊敬語専用の語に交替する。

「言う」→「**おっしゃる**」、「行く・来る・いる」→「**いらっしゃる**」、「食べる・飲む」→「**召し上がる・あがる**」、「する」→「**なさる***」、「くれる」→「**くださる**」、「来る」→「**見える**」、「知る・知っている」→「**ご存じ**」、「着る・（風邪を）引く・（気に）入る・（年を）とる」→「**召す**」などがある。

(2) もとの動詞に、尊敬語を作る形式を添加する。

a「お*（ご）～になる」という形にする。

「読む」→「**お読みになる**」、「利用する」→「**ご利用になる**」

b「お*（ご）～なさる」という形にする。

「断る」→「**お断りなさる**」、「出席する」→「**ご出席なさる**」

c「お（ご）～だ（です）」という形にする。

「聞く」→「**お聞きだ**（**です**）」、「出席する」→「**ご出席だ**（**です**）」

d「お（ご）～くださる*」という形にする。

***なさる**
「自慢する」「無理する」など、「～する」という形のサ変動詞は、この「する」を「なさる」に交替することで尊敬語化できる。
「自慢する」→「自慢なさる」、「無理する」→「無理なさる」

***「お（ご）～になる」と「お（ご）～なさる」**
「お（ご）～になる」は多くの動詞に使えるが、「お（ご）～なさる」のほうはなじまない語もあるので注意する。

***くださる**
「くださる」は、それ自体「くれる」という意味の尊敬語であるため、この表現が用いられるのは「その行為によって自分が恩恵を受

「聞く」↓「お聞きくださる」、「指導する」↓「ご指導くださる」

e　動詞に尊敬の助動詞「れる」「られる」を付ける。

「来る」↓「来られる」、「迎える」↓「迎えられる」、「参加する」↓「参加される」、「喜ぶ」↓「喜ばれる」

名詞の尊敬語の作り方

(1)　接頭語「お・ご（御）・貴・玉・高・尊・芳・令・賢」などを付ける。

「お」―おからだ・お名前・お導きなど。

「ご（御）」―ご厚誼《こうぎ》・ご住所・ご意見など。

「おん（御）」―御社・御地・御礼など。

「ぎょ（御）」―御製・御物など。

「み（御）」―御子・御心など。

「貴」―貴兄・貴校・貴社・貴信など。

「玉」―玉稿・玉章など。

「高」―（ご）高見・（ご）高配・（ご）高名など。

「尊」―尊兄・（ご）尊父など。

「芳」―（ご）芳志・（ご）芳書・（ご）芳名など。

「令」―（ご）令室・（ご）令嬢・（ご）令息など。

「賢」―賢兄・（ご）賢察など。

ける」という意味合いを持つときに限られる。

●変則的な「お（ご）～になる」

　次の場合は、分類上、上記(1)(2)のどちらの性質も備えている変則的な作り方といえる。

「見る」→「ご覧になる」

「行く・来る・いる」→「おいでになる」

「寝る」→「お休みになる」

「着る」→「お召しになる」

　こららはすべて「お（ご）～になる」という(2)の方式によっているが、「お（ご）～になる」を除いた形も、例えば「行く・来る・いる」が「いでる」に、「寝る」が「休む」に言い換えられており、この観点からは(1)の専

（2） 接尾語**「さん・様・殿・氏・方*（がた）」**や敬称を示す役職名「先生・部長」などを付ける。
環境・相手によってこれらのうちどれを使うのが一般的かが決まっているので、場合に合わせた使い方を身につけていく必要がある。例えば恩師の場合は「様」でなく「○○先生」、論文などでは「○○氏」が使われる。また、「役職名」は「小島課長」、「角田部長」などと言うと社内での軽い敬称になる。

形容詞や形容動詞などの尊敬語の作り方

形容詞や形容動詞などは、本来敬語化になじみにくい。これらを尊敬語にする場合は、名詞を尊敬語にする方法や、動詞を尊敬語にする方法を援用する。

（1） 名詞同様に接頭語**「お」「ご」**を付ける。

形容詞　「お忙しい」「お早い」
形容動詞　「おきれいだ」「ご立派だ」
副詞　「ごゆっくりと」「お早々と」

（2） 補助動詞「いる」を付け、**「〜ている」「〜でいる」**という形にし、そこでの「いる」を尊敬語化する。

形容詞　「細い」→「細くている」→「いる」を「いらっしゃる」にして「細くていらっしゃる」
形容動詞　「元気だ」→「元気でいる」→「いる」を「いらっしゃる」にして「元気でいらっしゃる」

さらに「お／ご」が付く場合もある。

用語形への交替ともいえる。ただしこれらは「いでる」「休む」単独では尊敬語としての用をなさず、語形を交替させたうえで「お（ご）〜になる」という形にして初めて敬語として機能する、という点が特殊である。

●助詞「に」を使って話題の人を立てる方法

通常の主語として「が」「は」などで表示すべきところを、「に」を用いるとさらに改まった立て方になる。

【例】　先生にはお元気でお過ごしのことと……皆様にもお変わりなくお過ごしのことと……

***方（がた）**

「方（がた）」は、複

「お美しくていらっしゃる」「お元気でいらっしゃる」「ご多忙でいらっしゃる」

2 謙譲語Ⅰの形の作り方

動詞の謙譲語Ⅰの作り方

(1) もとの動詞を、謙譲語Ⅰ専用の語に交替する。

「与える・やる」→「**差し上げる**」、「言う」→「**申し上げる**」、「尋ねる・訪ねる・聞く」→「**伺う**」、「もらう」→「**いただく**」、「会う」→「**お目にかかる**」、「見せる」→「**お目にかける・ご覧に入れる**」、「見る」→「**拝見する**」、「借りる」→「**拝借する**」、「知る・知っている」→「**存じ上げる**」などがある。

(2) もとの動詞に、謙譲語Ⅰを作る形式を添加する。

a 「**お（ご）～する**」という形にする。

「届ける」→「お届けする」、「説明する」→「ご説明する」

b 「**お（ご）～申し上げる**」という形にする。

「祝う」→「お祝い申し上げる」、「案内する」→「ご案内申し上げる」

c 「**お（ご）～いただく**＊」という形にする。

「読む」→「お読みいただく」、「利用する」→「ご利用いただく」

d 「～してもらう」という意味の特別な表現「**お（ご）～願う**」という形にする。

「集まってもらう」→「お集まり願う」、「遠慮してもらう」→「ご遠慮願う」

e 受身を表す特別な表現「**お（ご）～あずかる**」という形にする。

「招かれる」→「お招きにあずかる」、「紹介される」→「ご紹介にあずかる」

数の人を尊敬する意味を表し、「先生たち」のことを「先生方《がた》」のように言う。

＊いただく
「いただく」は、それ自体「もらう」という意味の謙譲語であるため、「恩恵を受ける」という意味合いを持つときに使用される。

名詞の謙譲語Ⅰの作り方

(1) **接頭語「お・ご（御）・拝」**などを付ける。

「お」―お断り・おみそれ・お見舞いなど。

「ご（御）」―（立てるべき人への）ご案内・ご説明・ご相談など。

「おん（御）」―御礼など。

「拝」―・拝見・拝借・拝受・拝承など。

(2) **接尾語「ども・儀・こと・め」**などを付ける。

「ども」―私ども。「儀」―私儀。「こと」―私こと。「め」―私め。

3 謙譲語Ⅱの形の作り方

動詞の謙譲語Ⅱの作り方

○もとの動詞を、謙譲語Ⅱ専用の語に交替する。謙譲語Ⅱは、そもそも謙譲語の中の特殊ケースであり、数も限られるので、謙譲語Ⅱの形式は覚えてしまうとよい。

「行く」→「**参る**」、「言う」→「**申す**」、「する」→「**いたす**」、「いる」→「**おる**」、「思う」→「**存じる**」

名詞の謙譲語Ⅱの作り方

○接頭語「**愚・拙・弊・小・粗・寸**」などを付ける。

「愚」―愚案・愚見・愚息など。

「拙」―拙稿・拙宅・拙文など。

●**形容詞の謙譲語Ⅰ**

　尊敬語と異なり、形容詞・形容動詞などについては、謙譲語にはならないのが基本である。自分のことについて、改まった表現をしたい場合は丁寧語「（で）ございます」を用い、「うれしゅうございます」などと表現すればよい。

　わずかながら存在する謙譲語Ⅰの形容詞は、「高山さん、ハーバードへ留学なさるそうです。お羨ましい」「私には先生がお懐《なつ》かしい」の「お羨ましい」「お懐かしい」程度である。これらは羨む相手、懐かしむ相手を立てるため、謙譲語Ⅰとなるが、そもそもこのような相手が想定できる形容詞自体がまれである。

「弊」―弊誌・弊紙・弊社など。
「小」―小社・小誌・小紙など。
「粗」―粗品・粗茶など。
「寸」―寸志など。

4　丁寧語の形の作り方

「です」「ます」調にする。「明日は休日だ」「六時に起きる」といった通常の表現の文末を、「明日は休日です」「六時に起きます」のように、「です」「ます」などの語を用いて言い換えると丁寧な表現になる。動詞には「ます」を、形容詞・形容動詞には「です」を用いる。

「です」「ます」の二つが基本的な丁寧語だが、この他により丁寧な言い方として「ございます」という丁寧語がある。「ございます」は、「ある」の丁寧語としての用法（「質問がある」→「質問がございます」）のほか、「です」のより丁寧な言い方としても用いられる（「私、中村です」→「私、中村でございます」）。

なお、「ございます」を形容詞に付ける場合は、「たかい」→「たこうございます」、「おいしい」→「おいしゅうございます」のように、形容詞を音便形にする。

5　美化語の形の作り方

美化語は、名詞に、「お」「ご」を付けて作られる。

お米　お料理（する）　ご祝儀

美化語を作るにあたっては、もとの語に「お」「ご」を付けるのではなく、「お」「ご」の付いた別の語に言い換える場合もある。

腹→「お腹」ではなく「おなか」

水→「お水」以外に、より丁寧な言い方として「お冷」

6　接頭語「お」と「ご」

「お」「ご」の敬語の種類

「お」「ご」は名詞に冠して、尊敬語・謙譲語Ⅰ・美化語など、さまざまな敬語を作るのに用いられるが、その「お」「ご」の付いた名詞が尊敬語なのか、謙譲語Ⅰなのかといった認定は、その語だけを見ているだけでは判別できず、そこでの使われ方をもとに判断しなくてはならない場合も多い。例えば「お手紙」は、「先生からのお手紙」であれば尊敬語、「先生に差し上げたお手紙」であれば謙譲語Ⅰという認定になる。

（相手の）「お名前」や（相手が出した）「お手紙」、（相手からの）「ご指摘」など、「お」「ご」が付いた名詞が、敬うべき相手の所有物や行動、というように〈相手に属するもの〉とみなされる場合は尊敬語である。（自分から相手に出した）「お手紙」、（自分が相手を案内する場合の）「ご案内」など、「お」「ご」が付いた名詞が、〈自分側から敬うべき相手に向かうもの〉とみなされる場合には謙譲語Ⅰである。これに対し、親しい人に「いま、友達にお手紙書いてるの」と言うときの「お手紙」は、敬うべき相手が書いたものではなく、自分が届ける相手を敬っているわけでもなく、単に「手紙」を上品に言うために「お」が付いているだけとみなされる。このような場合が美化語である。

このように、「お」と「ご」はさまざまな名詞に簡単に付加することができるが、敬語の種類の認定に関しては使われ方を見て判断しなければならない難しさがある。作ること自体は難しくないが、敬語の種類の認定がやや難しいものとして、注意が必要である。

「お」と「ご」の使い分け

「お」と「ご」の使い分けは、「お」が和語〈訓読みする語〉に、「ご」が漢語〈音読みする語〉に付くのが原則である。そもそも「御」の訓読みが「お」、音読みが「ご」であって、和語は和語どうし、漢語は漢語どうしで読みをそろえていることになる。例えば、同じような意味の語でも、「お名前・ご氏名」「お訪ね・ご訪問」のように使い分けられている。ただし、これはあくまで原則であって、「お電話」「お食事」のように「お＋漢語」となる例外も多い。

7　可能の表現

尊敬語・謙譲語と丁寧語では、可能表現の作り方がやや異なるので注意が必要である。

尊敬語・謙譲語は、敬語にしてから可能の形にする。

〈尊敬語〉　○もとの形→尊敬語→可能

- 聞く→お聞きになる→お聞きになれる

×もとの形→可能→尊敬語

- 聞く→聞ける→お聞けになる

〈謙譲語〉　○もとの形→謙譲語→可能

- 送る→お送りする→お送りできる

×もとの形→可能→尊敬語
・送る→送れる→お送れする

丁寧語は、逆に可能の形にしてから丁寧語にする。

〈丁寧語〉×もとの形→丁寧語→可能
・見る→見ます→見ませる
○もとの形→可能→丁寧語
・見る→見られる→見られます

中級学習者であればここで例示したような誤り自体はまず起こさないだろうが、次節のさまざまな誤用例の中には、ここでの考え方が必要になる事例もある。間違えやすい敬語の正誤判定のためにも、この原則をしっかり身につけておくことが必要である。

敬語を使うにあたって

注意すべき誤用パターン

敬語使用においての大きな関心事は、いかに誤用を回避するかであろう。敬語の誤用には、間違えやすいいくつかのパターンがあるので、それらに注意するとよい。

尊敬語と謙譲語の取り違え

通常とは違う改まった言い方をしようとするあまり、自分側に尊敬語を使ってしまったり、相手側に謙譲語を使ってしまったりする事例が見受けられる。「尊敬語は自分側には使わない」「謙譲語は自分側にしか使わない」という原則を、実際の会話の中でも気をつけておきたい。

例題 次の①〜④における敬語の誤りを訂正してください。

①「先生もこの本をお読みしますか」

②「課長はすでに存じ上げているものと思っていました」

③【来館者に「保養施設の利用券をいただきに来たのですが」と言われ】「八番のカウンターでいただけます」

④すべての商品がお持ち帰りできます。

解答・解説 ①「お読みします」は敬語表現ではあるが、「お〜する」は自分側に使う謙譲語Ⅰのため不適切。「〜お読みになりますか」が正しい。

②「存じ上げる」は「知っている」の謙譲語Ⅰである。ここは自分ではなく、相手が知っていることを述べるため、尊敬語「ご存じ」を用いて、「ご存じだと」「ご存じのものだと」という言い方にする。

③来館者側は自分の「もらう」という行為を謙譲語で「いただく」と表現したが、窓口にいる自分としては、来館者の行為をそのまま謙譲語で表現するのは不適切。自分と相手は立場が違うので、相手の表現をそのまま真似《まね》すると失礼な言い方になってしまうことがあるので注意したい。相手の行為なので尊敬語化して「お受け取りになれます」とするか、相手の

●「持参」「申し出」「申し込み」などについて

「ご持参ください」「お申し出ください」「お申し込みください」などの言い方が適切なのかが話題になることがある。「参る」や「申す」は謙譲語Ⅱに当たり、本来自分に使う敬語であるため、「参る」「申す」といった語を含む「持参」「申し出る」「申し込む」を相手に対して使ってよいのかという問題である。「敬語の指針」では、「持参」「申し出る」「申し込む」などの語を分解したうえで「参る」「申す」を根拠に敬語認定をする必要はなく、これらの語は全体として謙譲語Ⅱとしての働きは持っていないので、「相手側」の行為に用

行為としてでなく、自分側の行為（「私どもが、利用券を出す」）として謙譲語を使い「お出ししております」などと表現すればよい。

④持ち帰るのは客の行為であるため、尊敬語を使うべき場面である。「する」の可能表現が「できる」であり、「お持ち帰りできる」という表現から可能の意味を除くと「お持ち帰りする」となり、「お〜する」という謙譲語の形になる。謙譲語をもとにした表現を客に対して使っていることになるため不適切。尊敬語「お〜になる」の可能表現「お〜になれる」を用い、「お持ち帰りになれます」などと表現するのが適切。

謙譲語Ⅰと謙譲語Ⅱの取り違え

同じ謙譲語であっても、謙譲語Ⅰと謙譲語Ⅱでは敬意の対象が異なるため、この違いに注意しないと誤用になる場合がある。謙譲語Ⅰの敬意の対象は話の中の行為の受け手（目的語のようなイメージ）、謙譲語Ⅱは目の前の話し相手、という違いをいま一度確認しておこう。特に、謙譲語Ⅱは使えるが謙譲語Ⅰは使えない、という場面があるので注意したい。

例題 次の①②における敬語の誤りを訂正してください。

①「私、吉本篤司と申し上げます」

②「課長、その件でしたら私も存じ上げております」

解答・解説 ①「申し上げる」は謙譲語Ⅰで、「言う」という行為の向かう相手を立てるため、そのような名前で呼ばれる自分自身を立てることになってしまい不適切。謙譲語Ⅱを用い

いても問題はないとしている。つまり、なかば文字レベルまで気にして「参」という字が入っているから、というようなことは気にしなくてよいということである。

このように規範的には「不適切ではない」というのが解答ではあるが、気にする相手もいるのが現状であるため、気になる場合はこの表現を避けるという選択肢もある。**「お持ちください」「おっしゃってください」**などと言い換えればよい。「お申し込みください」は、状況によっては「ご応募ください」などに言い換えることができる。

なお、日本語検定においては、正誤のはっ

「申します」なら適切。

②「存じ上げる」が謙譲語Ⅰ、「存じる」が謙譲語Ⅱである。この場面では、話し相手である課長に対し丁重な言葉遣いをすればよいのであって、「その件」について敬意を示す必要はないので「存じ上げる」は不適切。「存じております」などにすればよい。

謙譲語と尊敬語の複合

「です」「ます」といった丁寧語は、尊敬語や謙譲語と合わせて使用し、より丁寧な表現を実現することができる。

言う→（尊敬語）**おっしゃる→**（丁寧語）**おっしゃいます**

言う→（謙譲語）**申す→**（丁寧語）**申します**

このように、一つの語を「尊敬語＋丁寧語」「謙譲語＋丁寧語」という組み合わせで表現することは問題ないが、一つの語に対し謙譲語と尊敬語が組み合わされた表現は原則的に不適切となる。

尊敬語・謙譲語・丁寧語が、それぞれ誰について使われるかを思い出してみよう。丁寧語は自分側でも相手側でも制限なく、丁寧な言い方として広く使えるものであった。これに対し謙譲語は自分側のことにしか使えず、逆に尊敬語は自分側には使えないものであった。謙譲語と尊敬語はこのように背反するため、同じ一つの語の敬語として共存できない。

よく見られる誤用例としては、例えば、「申される」（謙譲語「申す」＋尊敬の助動詞「れる」）、「おられる」（謙譲語「おる」＋尊敬の助詞「れる」）などが挙げられる。これらの表現をしてしまうのは、「申す」「おる」などを謙譲語と明確に意識せず、単に改まった言い方

きりしないもの、意見の分かれるものについては設問とすることは基本的にない。

とだけ考えてしまっていることに原因がある。個々の敬語の種類の判別ができても、複合した形になると注意が行き届かない場合もあるので注意が必要である。

例題　次の①～⑤の文に含まれている、謙譲語と尊敬語の複合を、適切な表現に訂正してください。

①　ご案内してくださり、ありがとうございます。
②　先生の申されたとおりでした。
③　先生はおられますか。
④　アメリカは、どちらに参られたのですか。
⑤　このカードをご利用されると、さらに五パーセント割引いたします。

解答・解説　①は「ご～する」（謙譲語Ⅰ）と「くださる」（「くれる」の尊敬語）の複合であり、不適切な表現。「ご～する」という謙譲表現を含まないようにすればよいので、「ご案内くださり」と言えばよい（14ページ「動詞の尊敬語の形の作り方」）。

②は「申す」（謙譲語Ⅱ）＋「れる」（尊敬の助動詞）の複合であり、不適切。尊敬語で「おっしゃった」と言えばよい。

③は「おる」（謙譲語Ⅱ）＋「れる」（尊敬の助動詞）の複合で不適切。尊敬語で「いらっしゃいますか」と言えばよい。

④は「参る」（謙譲語Ⅱ）＋「れる」（尊敬の助動詞）の複合で不適切。尊敬語で「いらっしゃった」「お出かけになった」「行かれた」などと言えばよい。

⑤の「ご利用される」は、「ご利用する」（謙譲語Ⅰ）＋「れる」（尊敬の助動詞）の複合で不適切。「ご～する」という謙譲語の形を避ければよいので、「利用される」「利用なさる」「ご利用になる」「ご利用なさる」などと言うのが適切。

丁寧語・美化語の注意点

丁寧語「（～で）ございます」使用の注意点

丁寧語「（で）ございます」は、「です」のさらに丁寧な表現であるが、自分側の表現にはなじみやすく、相手側には使いにくい面があるといわれる。主語が一人称の場合は「私が小島でございます」と言えるが、二・三人称の場合は「このかたが吉田さんでございます」のような言い方は受け入れられにくい。このような場合、尊敬語を用い「このかたが吉田さんでいらっしゃいます」のように表現することが多い。「ございます」は相手側には使わない、と意識しておくとよいだろう。

自分側に使う「お」「ご」の注意点

美化語は、「酒」「めし」のように、そのままの言い方では下品に感じられるからと、「お酒」「ご飯」など、「お」「ご」を付けた形にして上品に表現する言い方で、さまざまな語に使うことができる。しかし、20ページでも説明したように、「お」「ご」は使われ方によっては、美化語ではなく尊敬語や謙譲語として認定されることもある。そのため、自分は美化語のつもりで「お」「ご」を使ったとしても、尊敬語として受け取られてしまう場合があり、そのような使い方をしてはかえって失礼になってしまう。「お考え」「お名前」のように相手側の行為や所有物であれば尊敬語、（相手への）「ご連絡」のように自分側から相手側に向かう場合は謙譲語であるが、問題は自分側の行為で、向かう相手が想定されない場合である。

例えば、自分の仕事を「お仕事」、自分の休みを「お休み」と表現することには違和感を持たれることが多い。「お仕事」や「お休み」は単に「仕事」「休み」を美化するのでなく、仕事をする人、休む人を高める尊敬語として受け止められており、自分のことに使うと自分を高めるようになってしまい不適切とされる。「連絡」「案内」など、向かう相手がいる行為と違って、「仕事」「休み」など向かう相手のいない行為に関しては、自分のことには使わない、と注意しておくとよいだろう。

また、行為ではなくモノを指す場合にも、美化するつもりで「私のおかばん」「私のお名前」というような使い方はやはり違和感を持たれる。一般に「誰かの物」と意識されるものについて「お」を付けると、尊敬語としてその持ち主を高めることになってしまうのである。

個々の「お」「ご」が尊敬語・謙譲語・美化語のうちどれに当たるかは、慣例によるところもあり、判断が難しいところもあるが、最も気をつけるべきは自分のことに「お」「ご」を使う場合であり、この場合さえ注意できればさほど問題はあるまい。左に、おおまかな注意点を記す。

〈自分のことに「お」「ご」を使う場合〉

自分の行為

- その行為が向かう相手がいる　「ご連絡」「お見舞い」……〇（謙譲語）
- 相手に向かう行為ではない　「お休み」「お考え」……×（尊敬語になってしまう）

モノ

・自分の所有物・側面など　「おかばん」「お名前」……×（尊敬語になってしまう）
・特に自分の物というわけではない「お水」「お花」……○（美化語）

例題　次の表現の不適切な箇所を訂正してください。
①　この際、過去のことはお水に流すことにしましょう。
②　うちの孫娘のお勤め先は都心の銀行でございますの。
③　私はお仕事が片づかないから、少し残業していきます。

解答・解説　①は、慣用句に含まれる言葉を美化語にしている。慣用句はそのままの形で用いるものであり、ぞんざいな表現に思えても敬語を使って言い換えるのは誤りである。文全体が敬語表現だからといって、慣用句の部分は「お水」などにせず、「水に流す」のままが正しい表現である。

②は「お勤め先」、③は「お仕事」が不適切。どちらも、話し手は美化語のつもりで「お」を付けたのであろうが、「お勤め先」はそこに勤める人を、「お仕事」はその仕事をする人を立てる表現であり、結果として自分側に尊敬語を用いた誤用となっている。自分側の物事は「お」なしで「勤め先」、「仕事」とすべきである。

食品等に関しては、美化語として「私のお弁当」「私のお菓子」と言うことはできる場合もあるが、「私のお考え」「私のご旅行」のように、相手に向かわない自分側の動作や物事を立ててしまう場合は、一般的に「お」を付けると誤用になることに注意したい。

過剰な敬語

敬語は、使えば使うほど敬意が上がるというわけではなく、過剰な敬語は逆に受け手が不快な印象を受ける場合も多く、不適切とされる場合がある。例えば「お足元お気をつけになられましてお通りになられてくださいませ」というような表現は、敬意を示すという当初の目的を超えて、「くどい」という印象を与えてしまう。このように、敬語の適切な使用のためには、「適度に使う」という視点も必要になってくる。

二重敬語

過剰な敬語の典型的なものとして、「二重敬語」がよく取り上げられる。これは一つの語について、同じ種類の敬語を二重に使ったものである。例えば、「読む」を「お読みになる」と尊敬語にしたうえで、さらに「れる」という尊敬の助動詞を加えて「お読みになられる」という形にしたものである。14ページ以降でみてきたとおり、敬語を作るとしてもさまざまな方法がありうるため、一つの語に対し、複数の方法を重ねて敬語にすることも理論上可能である。しかし原則としては、一つの語を二回以上敬語化する必要はない。

○　待つ（＋「お〜になる」）➡　お待ちになる
○　待つ（＋「れる」）➡　待たれる
×　待つ（＋「お〜になる」＋「れる」）➡　お待ちになられる（二重敬語）

二重敬語を避ける、というのが敬語の適切な使用の原則であるが、その際注意すべき点を二点挙げる。

(1) 例外的に許容される二重敬語

二重敬語のすべてが不適切というわけではなく、次に挙げるようなものは「習慣として定着している」として例外的に許容されている。

（尊敬語）　お召し上がりになる、お見えになる

（謙譲語Ⅰ）　お伺いする、お伺いいたす、お伺い申し上げる

(2) 二重敬語ではないため適切な表現

例えば「お読みになられる」は二重敬語であり不適切であるが、「お読みになっていらっしゃる」は二重敬語ではなく、適切と判断される。敬語の適切な使用のためには、この違いが自分で判断できなければならない。二重敬語とは、一つの語を敬語にしたうえで、再度敬語にすることであった。これに対し、「お読みになっていらっしゃる」はもとの形である「読んでいる」の「読む」を「お読みになる」に、「いる」を「いらっしゃる」に同時に敬語化したものであって、一度敬語にしたものをさらに敬語化するわけではない。多少冗長な感じがするという声もあるが、二重敬語とは異なり、適切である。*

× 読む → （敬語化1回め）お読みになる → （2回め）お読みになられる（二重敬語）

○ 読んでいる → お読みになっていらっしゃる

具体的な場面での敬語の使い方

自分や相手の呼び方

自分のことをどういう言葉で呼ぶかについては、必ずこうしなければいけないという絶対

＊二重敬語とは異なり、適切　「敬語の指針」では、このような形式の敬語を二重敬語と区別して「敬語連結」（敬語にしたものどうしがつながったもの）と呼んでいる。

的な決まりがあるわけではなく、例えば「僕」「私」「俺」「わし」などのどれを使うかは、個人の好みの問題といってよい。しかし一方で、社会生活をするうえでは、場面や相手に応じて望ましい呼び方がある程度決まっている。例えばプライベートな自称が「俺」であっても、勤務先では「わたし」、上司や外部の人に対しては「わたくし」を用いるほうが望ましい、というように適切な使い分けを身につける必要がある。相手の呼び方も同様で、例えば「あなた」という呼び方は、現代では年齢や立場が同等、あるいは下位にある人には使えるが、上位者には使いにくいとされる。名前の呼び方も、「田中さん」のように姓に「さん」を付けた呼び方が最も一般的であるが、場合によっては「様」のほうがふさわしい場合や、「課長（さん）」と職名を名前の代わりに呼ぶ場合、学校で「先生」と呼ぶ場合など、さまざまな場面によって望ましい呼び方は変わるので、場面にふさわしい呼び方を意識したい。

検定問題・3級

次の場面での言葉遣いは適切でしょうか。適切でない場合は、適切な言い方を答えてください。

① 転居を知らせる手紙で「近くにおいでの際は、ぜひ自宅にお立ち寄りください」と書く。

② 面接試験で、「自分が最もつらかったのは一年のときのクラブ合宿です」と答える。

③ 取引先の部長へのメールの宛名に「○○商事株式会社　営業部　香川豊部長様」と書く。

解答・解説　①は自分の家に立ち寄ることを勧めるので、自宅を謙遜する言い方にする必要がある。「小宅」「拙宅」などが適切。
②の「自分」も不適切。会社や役所といった改まった場面では、「わたくし」を使う。
③取引先に手紙やメールを送る際の宛名は、「役職名、名前、様」の順に書くのが一般的なので、「営業部部長　香川豊様」が適切。

「ウチ・ソト」の関係

自分側の表現は謙譲語、相手側の表現は尊敬語、というのが敬語の使い分けの原則であるが、ここでの「自分側」「相手側」とは、自分自身、相手自身には限られず、もう少し広くとらえておく必要がある。

例えば「父が申しておりました」という表現は、自分自身ではなく、自分の父親の行為を述べているが、われわれはこのような場合も自分同様に謙譲語を使う。これは、父親を「自分側」(=ウチ)ととらえ、ソトの人に対しては自分自身と同じ立場とみなしているからである。このように、われわれは単に自分自身、相手自身ということを超えて、その人が自分側か相手側かを気にかけ、そこでの判断によって敬語の使い方を変える。

「自分側」とは、自分の家族や自分が所属する団体の「ウチ」と認識される人物などである。ソト=「相手側」も、「相手」だけではなく、相手の家族や相手にとって「ウチ」と認識される人物などが含まれる。このような判断は場面によって変わるので、同じ人でもある時はウチ、ある時はソトとして使い分けねばならない。

例えば「会社内での会話」という環境であれば、会社内の対人関係が敬語選択の根拠となる。会社内で、社内の「相手」と会話する、という場合、「自分側」というのは自分自身や自分の家族に限られ、社内の上司は「相手側」という判断となり、上司に関することは尊敬語を用い、「田中課長がおっしゃっていたことですが……」などと表現する。

一方で「取引先との会話」という環境になると、取引先の会社の人が「相手側」、自分が所属する会社の人は「自分側」という判断になるため、上司の「田中課長」の行動でも自分自身同様、謙譲語を用い「田中が申しておりました」などと表現することになる。これが「ウチ・ソト」の感覚による敬語の使い分けである。

実際の会話では、自分側と相手側だけではなく、話題の中には、第三者が登場することも多い。そのとき、第三者は「ウチ・ソト」のどちら側になるのかの判断も必要となる。「ウチ・ソト」の判断によっては、日頃尊敬語を使う相手であっても謙譲語で表現すべき場合があり、慣れるまではこの判断が難しい。たとえ「上位の人」であっても、「ウチ」の立場にある人については、「ソト」に対しては尊敬語を用いない（謙譲語を使う・呼び捨てにする）というポイントをおさえておきたい。

例題　【　】のような状況のとき、どのように言えばよいでしょうか。（　）に入る最も適切なものの番号を選んでください。

一【取引先から、不在の上司加藤部長に電話が掛かってきたのを受けて】
「ただ今（　）は席をはずしておりますが……」
①加藤部長　②部長　③加藤

二【上司から贈り物をもらったことのお礼を述べ】

「（　）も大変よろこんでおりました」
①妻　②奥さん　③嫁

三【取引先で、先方の社員に】
「本日、山田は参りませんが、鈴木部長によろしく（　　　）と、言いつかって参りました」
①おっしゃってくれ　②申し上げるように　③言ってこい

四【取引先の社員に対して】
「鈴木課長にどうぞよろしく（　　　）」
①申し上げてください　②お伝えください　③お申しください

解答　一…③　二…①　三…②　四…②

解説　一　社会人の敬語の心得として、電話の相手が別の会社の人である場合はウチの人間は、上司であっても「加藤」と呼び捨てにするのがよいと言われる。「部長」のような職階名称は、姓の後ろに付けたり単独で用いたりすると敬称に受け取られるので、ウチの人間の職階を口にする必要がある場合は「部長の加藤」がよいとされる。

二　ウチである家族の呼び方としては「妻」が適切。ソトに対して自分の妻を「奥さん」と呼ぶ、というような言い方が見られるが、敬語の使い方がなっていないと思われる可能性があるので注意。

三　鈴木部長によろしく伝えたがっていたのは上司である山田部長であるが、ソトに対しては、山田部長も自分と同じウチの人間なので、尊敬語を用いるのは不適切。自分も上司の山田部長も、取引先とのウチ・ソトにおいては同じ立場（ウチ）なので、自分自身が取引先の鈴木部長に「言う」のと同様の敬語の使い方をするのが適切と考え、「申し上げる」を選択しよう。聞き手である取引先の社員に対して「言いつかって参りました」と丁重に述べているのはよいので、このような言い回しは覚えておこう。

四　取引先の鈴木課長は、「言う」相手としては敬意の対象であり、自分が直接言うなら「申し上げる」など謙譲語を用いるべきところである。しかしこの場合はソトである、取引先の社員に伝言を頼んでおり、実際に伝えるのは取引先の社員の行為である。取引先の社員もソトとして立てるべきであるため、この場合には尊敬語を使うべきであり、「お伝えください」が適切である。

「尊敬語」「謙譲語」「丁寧語」以外の敬意表現

「尊敬語」「謙譲語」「丁寧語」といった敬語の適切な使用は、敬意の表現において重要ではあるが、これらを完全に使いこなせれば完璧な敬語になるというわけではない。実際には、敬語そのものとは言えないような表現の選択や、言語以外の表現も重要な役割を果たす。そこで本章の最後に、「尊敬語」「謙譲語」「丁寧語」という敬語らしい敬語より範囲を広げて、敬語表現のあり方を考えてみよう。

改まり語*を使い分ける

「尊敬語」「謙譲語」「丁寧語」の使い分けに限らず、場面によって改まった言葉を使い分けられることが社会生活では重要である。例えば、「受付はあっちでございます」という言

＊改まり語
〜いいですか→〜よろしいでしょうか
考え・つもり→所存

い方は、丁寧語の使用としては誤りではないが違和感がある。「受付はあちらでございます」であればしっくりくるだろう。敬語そのものの問題のほかに、「敬語を使うような改まった言い方になじみやすい語と、そうでない語がある」という問題があり、より適切な敬語表現をするには、「**改まり語**」とでも呼ぶべき、改まった言い方になじむ言葉を判断し、適切に言い換える力が必要になってくる。

あっち・こっち・そっち・どっち↓あちら・こちら・そちら・どちら
きょう・きのう・あした・あさって・今年・去年↓本日・昨日（さくじつ）・明日（あす・みょうにち）・明後日（みょうごにち）・本年・昨年

直接的な命令は避ける

直接的な命令を避けて、疑問形など、相手の意向を尋ねる表現にすると、より丁寧な感じの言い方になる。

例えば、「ご覧ください」ではなく「ご覧いただけますでしょうか」、「ご連絡ください」ではなく「ご連絡いただけますでしょうか」、「～してください」ではなく「～お願いできますか」、「お伝えください」ではなく「お伝え願えますでしょうか」のように言う。

前置きの言葉を置く

命令を避けるという心理と同じだが、直接的な表現は避けたほうが丁寧さが上がる。用件を伝える際にも、いきなり用件を言うのではなく、相手に配慮した、次に例示した〈　〉内のような前置きの言葉（「クッション言葉」ともいわれる）を効果的に使うことによって

さっき・あと↓先ほど・後ほど
残念です↓遺憾に存じます
ちょっと・すこし↓少々
どうですか↓いかがですか
もう↓すでに
やっぱり↓やはり
わりと↓比較的

コミュニケーションがスムーズになる。依頼や謝罪をするときは、特に前置きの言葉が重要である。

「〈すみませんが〉お願いできますでしょうか。／貸していただけませんでしょうか」

「〈失礼ですが〉お約束はございますか。／お名前は何とお読みするのでしょうか」

「〈恐れ入りますが〉少々お待ちください。／少々詰めていただけませんでしょうか」

「〈大変恐縮ですが〉もう一度おっしゃっていただけませんでしょうか」

「〈申し訳ありません（ございません）が〉本日はお引き取り願えませんでしょうか」

「〈ご迷惑かと存じますが〉お持ち帰り願えませんでしょうか」

「〈お願いしたいことがあるのですが、よろしいでしょうか〉明日の行事の準備、わたくしどもだけではどうしても手不足なので、助けていただけませんでしょうか」

また、次の〈　〉内の言葉のように、自分側をへりくだり、控えめに言って相手に対する敬意を表す言い方も古くから日本の文化の中に根付いている。

「〈つまらないものですが〉どうぞお納めください」「〈気の利《き》かないものですが〉ご笑納ください」

「〈何もございませんが〉召し上がってください」

「〈お口に合いますかどうか〉遠慮なさらず、上がってください」

「〈心ばかりのものですが〉お納めください」

忌み言葉*は避ける

冠婚葬祭に関するスピーチや文書では、「**忌み言葉**」を使ってしまうと、相手に不快感を

＊忌み言葉
【結婚】終わる・帰る・重ねる・切る・去る・離れる・破れる・別れる・割れる等。
また、「重ね重ね」など、同じ言葉を繰り返すこと（「畳語」と言われる）は、結婚を繰り返す（今回の結婚ののち、離婚、再婚の流れになる）ことが連想されるため避けられる。
【お悔やみ】いよいよ・くれぐれも等の畳語。ここでも不幸が繰り返されることが連想

与えてしまうので注意したい。

忌み言葉とは、不吉な意味や連想を持つところから、忌みはばかって使用が避けられ、別の言い方に変えられる言葉である。「するめ」のことを「あたりめ」と呼ぶことがあるが、これは賭け事などで失敗してお金を失うことを「する」と言うため、そのような縁起の悪さを避け、逆に「当たり」に置き換えた表現である。それぞれの場面ごとに避けられる言葉はあり、例えば結婚式の披露宴などでは、二人の結婚生活が円満に「続く」ことを願うため、披露宴終了時に「終わる」と口にすることが避けられ、「おひらき（お開き）にする」と表現されたりする。また、「死」を連想させるために「四（し）」と読まず「よ」「よん」と読む、というように読み方を変える場合や、言い換える言葉がない場合は使わない表現法を考えるなど、さまざまな場合がある。迷信と言ってしまえばそれまでだが、気にする人がいるのなら使わないというのも大切な気遣いである。自分の使う言葉を誰かが気にするか、自分の言葉遣いで誰かが傷つくか、ということを想像するのは敬語の精神の基本であるので、忌み言葉の知識を増やすことを通して、気遣いのあり方を身につけることが重要と言えよう。

言葉に限らず「伝え方」*全般に留意する

「人は話だけを聞くのではない。〈その人の〉話を聞くのだ」とか、「手紙は文章だけを読むのではなく、その文字や書き方、便せんなども含めて読む」とか言われることがある。

コミュニケーションにおいては、適切な言葉の選択さえできればそれでよいというわけではなく、声の感じ、間の取り方、表情、態度など、言葉以外の「伝え方」も重要な機能をはたす。ただ「ごめんなさい」と言うよりも「申し訳ございません」と言うほうが「言葉」と

されるため、畳語は避けられる。

【お見舞い】　終わる・繰り返す・絶える・散る・再び・まいる・弱る等。また、ここでも畳語は避けられる。

【新築】　傾く・枯れる・崩れる・壊れる・倒れる・燃える・焼ける等。

【開店・開業・栄転】　落ちる・衰える・終わる・寂れる・閉める・倒れる・潰れる・閉じる等。

＊「伝え方」
言葉そのものではないが、言葉に付随して意味を伝えるもののうち、姿勢・態度・ボディランゲージなどは「非言語」、声色・音調・間・話す速度・筆跡・用紙などは「パラ言語」と呼ばれる。

しては改まった表現であるが、心から発せられた「ごめんなさい」と、そっぽを向いて感情のこもらないまま早口で発せられた「申し訳ございません」では、印象は簡単に逆転する。

日本語の敬語は複雑であるため、正しい知識の習得自体にそれなりの努力が必要となる。敬語を適切に使うには、知識を確実なものにしていく努力は当然必要だが、知識の習得は敬語学習のゴールではない。そもそも敬語というもの自体が、相互尊重の精神、相手への気遣いから生み出された体系であることを忘れず、形だけの知識にとどまらない「伝え方」を常に意識しておく必要がある。「正しい敬語」にとらわれ、目の前の相手の存在を忘れてしまったら本末転倒である。相手と向き合い、心を込めて接する、というのが敬語の出発点であり、形だけでは敬語は機能しないことを忘れてはならない。

検定問題・3級

次の会話は、就職活動中の大学生の高橋さんが、自分が志望する会社に就職した大学の先輩の杉田さんに、電話で連絡したときのやりとりです。ア~カに当てはまる言い方として最も適切なものを選んで、番号で答えてください。


【高橋】はじめまして。南北大学経済学部三年の高橋と申します。大学のキャリアセンターの名簿を見て、お電話いたしました。今、（　ア　）もよろしいでしょうか。

【杉田】ええ。OG訪問ですか。

【高橋】はい、先輩に（　イ　）お話を（　ウ　）と思いまして。お忙しいところ恐縮ですが、今週か来週で一時間ほどお時間をいただけないでしょうか。

【杉田】そうですね。来週の平日のお昼ならいつでもいいですよ。

【高橋】ありがとうございます。来週の木曜日、十五日は（　エ　）。

【杉田】ええ、それでは十五日で。十二時に会社に来られますか。
【高橋】かしこまりました。当日は、御社のどちらに（　オ　）よろしいですか。
【杉田】会社に着いたら、一階受付で私を（　カ　）ください。
【高橋】かしこまりました。それではよろしくお願いします。

ア……1　お話しになって
　　　2　お話しさせてもらって
　　　3　お話しさせていただいて
イ……1　お見えして
　　　2　お目にかかって
　　　3　お目にかけて
ウ……1　聞ければ
　　　2　聞かれれば
　　　3　お聞きできれば
エ……1　どうですか
　　　2　いかがでしょうか
　　　3　いかがなさいますか
オ……1　伺えば
　　　2　行けば
　　　3　おいでいただけば
カ……1　呼び出して
　　　2　お呼び出しして
　　　3　お呼び出しされて

解答　ア…3　イ…2　ウ…3　エ…2　オ…1　カ…1

解説　ア　その行為を相手の許可を得て行い、恩恵を受けることを表す謙譲表現「お～させていただく」を用いた、3「お話しさせていただいて」が適切。1「お話しになって」は、自分の行為に「お～になる」という尊敬表現を用いていて不適切。2「お話しさせてもらって」は、「もらう」の部分に先輩への敬意が表れておらず不適切。

イ　学生が先輩に「会う」ことを、謙譲語「お目にかかる」を用いて言っている、2「お目にかかって」が適切。1「お見えして」は、「来る」ことの尊敬語「見える」に謙譲表現「お〜する」を用いていて不適切。3「お目にかけて」は、「お目にかける」が何かを「見せる」ことの謙譲語なので不適切。

ウ　学生が先輩の話を聞くことを、「お〜する」という謙譲表現を用いて言っている、3「お聞きできれば」が適切。1「聞ければ」は、先輩への敬意を欠いていて不適切。2「聞かれれば」は受け身の表現で、文脈に合わず不適切。

エ　学生が先輩に対して、会う日にちを具体的に提案するときの表現として、2「いかがでしょうか」が適切。1「どうですか」は、先輩への敬意を欠いていて不適切。3「いかがなさいますか」は、先輩の「ええ、それでは十五日で。」という応答と合わず、日にちの具体的な提案としても不適切。

オ　学生が先輩の会社のある場所に「行く」ことを、謙譲語「伺う」を用いて言っている、1「伺えば」が適切。2「行けば」は、謙譲表現が用いられておらず不適切。3「おいでいただければ」は、学生の側が先輩に来てもらうときに用いる謙譲表現なので不適切。

カ　先輩が学生に「呼び出す」ように言うときの丁寧な表現として、1「呼び出して（ください）」が適切。2「お呼び出しして（ください）」は、相手の行為に「お〜する」という謙譲表現を用いていて不適切。3「お呼び出しされて（ください）」は、「お〜する」という謙譲表現に尊敬の助動詞「れる」を付けた形で不適切。

●文法

「文法」とは

文法とは、言葉の使い方の決まりである。会話や文章などで正確に自分の意思を伝えるためには、この基本的なルールの理解が必要である。本書では常識的な言葉の使用のための基本的なルールについて述べる。

なお、「日本語検定」では文法用語を直接問う形式の設問は基本的には出題されない。

語の文法

品詞について

正確な言葉の運用のためには、まず品詞についての理解が必要である。

文は単語からできている。その単語を、性質によって分けたものが品詞である。実際には、自立語*か付属語*か、活用するかしないか、文中でどんな働きをするか、などによって、十の品詞に分けられる。

十の品詞とは、〈名詞・動詞・形容詞・形容動詞・副詞・連体詞・接続詞・感動詞・助動詞・助詞〉である。間違った表現をしないためには、まず、単語や品詞に注意を払うことが第一歩であると心得ておこう。

以下、各品詞について説明していく。

※接頭語（「こぎれい」の「こ」、「ご在宅」の「ご」など）・接尾語（「涼しげ」の「げ」、

＊自立語と付属語

単独で文節を作れる単語を「自立語」といい、単独では文節を作れず、常に自立語の後に付いて用いられる単語を「付属語」という。

なお、「文節」とは、意味を壊さない程度に文を短く区切った単位で、「ネ・サ」などが自然に入るところが文節の切れ目である。

・白いネ／花がネ／たくさんネ／咲いた。

「春めく」の「めく」など）は、独立の単語にはならず、他の単語に付いて一つの単語を形成するものなので、以下の説明の中では触れない。

名詞

◆自立語で活用がなく、主語*になれる。物事の名前を表す単語であり、体言ともいう。

名詞は、内容によって、〈代名詞・数詞・固有名詞・普通名詞〉に分けられる。

代名詞……事物を指し示すのに用いる語（「人称代名詞」と「指示代名詞」とに分けられる）。

例 これ・ここ・それ・そこ・私・あなた・どなた

数詞……数量や順序を表すのに用いる語。

例 五本・三人・六番目・三グラム・五万年

固有名詞……人名・地名・書名など、個々に与えられた名称。

例 東京・富士山・トルコ・紫式部・源氏物語

普通名詞……事物の一般的な名。

例 星・空・山・川・犬・猫・雨・風・旅・音楽・恋

※このほか、**形式名詞**を立てることもある。形式名詞とは、「楽しいこと」「おいしいもの」などのように、その名詞を具体的に説明する語句を必要とするもののことである。

名詞の中でも、文章を理解するうえで特に重要なのは、代名詞である。物事と場所、方角を示す代名詞（指示代名詞）を次に挙げる。これらを、「こそあど」と呼ぶこともある。

	コ系	**ソ系**	**ア系**	**ド系**
（物事）	これ	それ	あれ	どれ

＊主語
「何が―どうする」「何が―どんなだ」などの言い方で、「何が」に当たる部分。

ここ　そこ　あそこ　どこ　（場所）
こちら　そちら　あちら　どちら　（方角）

文章の場合、指示する内容は、それぞれ次に示したとおりである。混乱のないようにしたい。

コ系（近　称）……今述べた事柄やこれから述べようとする事柄。
ソ系（中　称）……今述べた事柄で、文脈上読み手が理解できると思われるもの。
ア系（遠　称）……読み手が知っていると思われるものを思い出させる。
ド系（不定称）……不定のもの。

※同じ「こそあど」でも、次の語は分類上、代名詞（名詞）とは品詞を異にするので、注意を要する。

この　その　あの　どの　……**連体詞**
こんな(だ)　そんな(だ)　あんな(だ)　どんな(だ)　……**形容動詞**
こう　そう　ああ　どう　……**副　詞**

動　詞

◆自立語で活用があり、それだけで述語*になれる。動作や作用を表し、言い切りがウ段の音で終わる。用言*の一つ。

動詞の活用の種類には、〈五段活用・上一段活用・下一段活用・カ行変格活用・サ行変格活用〉の五種類がある。動詞の活用の種類を正しく区別できることは、後に述べる「可能表現」「使役表現」を正しく作るうえでも必要なことである。

＊述語
「何が―どうする」「何が―どんなだ」などの言い方で、「どうする」「どんなだ」に当たる部分。

五段活用……「話さ（ない）／話そ（う）」「話し（ます）」「話す。」「話す（こと）」「話せ（ば）」「話せ。」のように、五十音図の五つの段にわたって活用する。

例 話す・聞く・書く・読む・取る・立つ・運ぶ

上一段活用……「用い（ない）」「用い（ます）」「用いる。」「用いる（こと）」「用いれ（ば）」「用いろ。／用いよ。」のように、五十音図のイ段を中心に活用する。

例 着る・似る・見る・起きる・落ちる・降りる

下一段活用……「考え（ない）」「考え（ます）」「考える。」「考える（こと）」「考えれ（ば）」「考えろ。／考えよ。」のように、五十音図のエ段を中心に活用する。

例 出る・寝る・曲げる・調べる・尋ねる・捨てる

カ行変格活用……「こ（ない）」「き（ます）」「くる。」「くる（こと）」「くれ（ば）」「こい。」と、五十音図のカ行で特殊な活用をする。「来る」一語のみ。

サ行変格活用……「し（ない）／せ（ず）／さ（れる）」「し（ます）」「する。」「する（こと）」「すれ（ば）」「しろ。／せよ。」と五十音図のサ行で特殊な活用をする。サ行変格活用の動詞は、基本の「する」のほか、「愛する」「察する」「研究する」「調査する」「発見する」などのように、他の語に「する」が付いてできた語だけである。

＊74ページの「動詞活用表」を参照のこと。

動詞の活用の種類の見分け方

動詞の活用の種類は、その動詞に「ない」（打消の助動詞）を付けたとき、すぐ上の音が五十音図のどの段になるかによって見分けることができる。

＊用言
自立語で、活用があり、それだけで述語になることができる単語。動詞・形容詞・形容動詞の総称。

●五段活用………ア段の音になる。　例　立つ→立たない
●上一段活用……イ段の音になる。　例　落ちる→落ちない
●下一段活用……エ段の音になる。　例　捨てる→捨てない
※「(〜)する」は〈サ行変格活用〉、「来る」は〈カ行変格活用〉と覚えておこう。

動詞を可能の言い方に変える場合

動詞を可能の言い方に変える場合には、次のようにする。
●五段活用の動詞の場合 → 下一段活用の〈可能動詞〉*を用いる。
例　立つ → 立てる　買う → 買える　話す → 話せる
●上一段活用の動詞の場合 → 助動詞「られる」を付ける。
例　見る → 見られる　着る → 着られる　降りる → 降りられる
●下一段活用の動詞の場合 → 助動詞「られる」を付ける。
例　出る → 出られる　考える → 考えられる　調べる → 調べられる
※〈サ行変格活用〉の動詞は、「する」を「できる」に置き換え、〈カ行変格活用〉の動詞「来る」は「られる」を付けて「来られる」にする。

要するに、〈五段活用〉の動詞の場合には下一段活用の可能動詞を用い、〈サ行変格活用〉の動詞の場合は「する」を「できる」に置き換え、それ以外の動詞には「られる」を付ければよいことになる。

本来、「起きられる」「出られる」とすべきところを、「起きれる」「出れる」とする言い方は誤りで、これを特に《**ら抜き言葉**》と呼ぶ。

＊**可能動詞**
五段活用動詞がもとになった下一段活用動詞で、「〜できる」という可能の意味を表す。

また、例えば「読む」「書く」という五段活用の動詞の場合、可能動詞は「読める」「書ける」であるが、さらに「れ」を付けて「読めれる」「書けれる」としてしまう場合がある。このような表現を、便宜上**《れ足す言葉》**と呼ぶが、誤りである。

例題 **一〜四**の文のようなことを言うとき、——部分の言い方は適切でしょうか。適切である場合には①を、適切でない場合には最も適切な言い方を②③から選んで、番号で答えてください。

一 図書館の本は、一週間しか借りれない。
① (適切である) ② 借りられ ③ 借りれれ

二 走り幅跳びの練習に励み、かなり跳べるようになった。
① (適切である) ② 跳ばれる ③ 跳べれる

三 誕生日にならないので、まだ免許取得の試験を受けれない。
① (適切である) ② 受けれれ ③ 受けられ

四 歩きやすい靴を履いているので、いくらでも歩けれます。
① (適切である) ② 歩け ③ 歩かれ

解答 一…② 二…① 三…③ 四…②

動詞を使役の言い方に変える場合

動詞を〈使役〉の言い方に変える場合には、次のようにする。

●五段活用の動詞の場合→助動詞「せる」を付ける。

例 読む→読ませる　立つ→立たせる　運ぶ→運ばせる

●上一段活用・下一段活用・カ行変格活用の動詞の場合→助動詞「させる」を付ける。

例 似る→似させる　考える→考えさせる　来る→来させる

●サ行変格活用の動詞の場合→助動詞「せる」を付けて、「する」を「させる」に変える。

要するに、〈五段活用〉〈サ行変格活用〉の動詞の場合には「せる」を付け、それ以外の動詞の場合には「させる」を付けるのである。

ちなみに、「読ませる」「言わせる」とすべきところを、「読まさせる」「言わさせる」のように言うことがあるが、これらは**《さ入れ言葉》**と呼ばれる表現で、誤りである。間違えやすいので注意したい。

例題 一～四の文のようなことを言うとき、——部分の言い方は適切でしょうか。適切である場合には①を、適切でない場合には最も適切な言い方を②③から選んで、番号で答えてください。

一 行事が終わったので、飾りつけをこわせさせよう。

①（適切である）　②こわさせ　③こわしさせ

二 手作りのカヌーに、一度ぼくも乗させてほしい。

①（適切である）　②乗せさせ　③乗せ

三 みんなが笑わさせるので、筆で書いた字が変になってしまった。

①（適切である）　②笑わせる　③笑わせさせる

四　太郎にカレーをかき混ぜさせよう。

①（適切である）　②かき混ざせ　③かき混じらせ

解答　一…②　二…③　三…②　四…①

可能と自発*

次に、動詞（五段活用）を示し、その可能動詞を（　）の中に掲げてみよう。

例　ほどく（ほどける）　売る（売れる）　切る（切れる）　取る（取れる）

これらの可能動詞は、自発の表現として用いられることもある。

例文　帯がほどける。
本が売れる。
糸が切れる。
ボタンが取れる。

可能動詞が自発の表現としても使われることは注意しておいてよい。

動詞の補助的な使い方

動詞の使い方には、次に示すように本来の意味からすると補助的な用法（補助動詞）もある。

例　車が道路を塞《ふさ》いでいる。

***自発**　自然にある状態になることを〈自発〉という。

吾輩《わがはい》は猫である。
はじめに言っておく。
鍵《かぎ》を置いてきてしまった。
おば様が手伝ってくださる。
宿題を見てもらう。
ちょっと出かけてくる。
よい関係を続けていきたい。

＊他動詞と自動詞については、「語彙」の82ページを参照のこと。

形容詞

◆自立語で活用があり、それだけで述語になれる。事物の性質や状態を表し、言い切りが「い」で終わる。用言の一つ。

例 **白い・青い・高い・深い・うれしい・悲しい・懐《なつ》かしい**

事物の性質や状態を表す点で形容動詞と似ているが、形容詞は言い切りが「い」で終わる。「白かろ（う）」「白かっ（た）／白く（ない）／白う（ございます）」「白い。」「白い（こと）」「白けれ（ば）」のように活用する。形容詞に命令形*はない。

形容詞の「ない」

存在しない、所有しないの意味で使われる「ない」は、形容詞である。

例 戸棚にジャムがない。
かごにはパンもない。

＊**命令形**
命令する意味で言い切る形。動詞でいうと、「話せ。」「考えろ。」「来い。」などがこれに当たる。

家にはお金がない。
ほかに方法がない。

補助動詞と同様、形容詞には次のように補助的な用法がある（補助形容詞）。

例　おもしろくない。
手を貸してほしい。

ただし、「切ない」「だらしない」「ふがいない」「情けない」「あどけない」などは、それぞれが一語の独立した形容詞である。一方、動作や作用を打ち消す「ない」は、助動詞なので注意しよう。

＊57ページの「助動詞」の項を参照のこと。

形容動詞

◆自立語で活用があり、それだけで述語になれる。事物の性質や状態を表し、言い切りが「だ（です）」で終わる。用言の一つ。

例　**さわやかだ・華やかだ・和やかだ・けなげだ**

事物の性質や状態を表す点で形容詞と似ているが、形容動詞は言い切りが「だ（です）」で終わる。

「立派だろ（う）」「立派だっ（た）／立派で（ある）／立派に（なる）」「立派だ。」「立派な（こと）」「立派なら（ば）」のように活用する。形容詞と同じように、形容動詞に命令形はない。

副詞

◆自立語で活用がなく、主に連用修飾語*になる。
副詞は、〈状態の副詞・程度の副詞・陳述の副詞*〉に大きく分けられる。

●状態の副詞……動作や作用の状態を詳しく表す。
例 すぐに・すっかり・ついに・すいすい・さらさら・ふわふわ

●程度の副詞……性質や状態の程度を表す。
例 少し・ちょっと・やや・もっと・かなり・きわめて

●陳述の副詞……物事に対する話し手の態度や姿勢を表し、後に決まった言い方を要求する。
例 決して・とても・仮に・たとえ・ろくに・おそらく

副詞は主に連用修飾語になるが、次のように、名詞・副詞・その他の語に続く場合もある。

例 もっと左だ。

もう少し足りない。

まさかの展開。

あと少しですね。


陳述の副詞については、後で改めてまた触れる。*65ページの「陳述の副詞」の項を参照のこと。

連体詞

◆自立語で活用がなく、連体修飾語（体言〈名詞〉の意味を詳しく明らかにする働きを担う語）になる。
例 この・その・ある・あらゆる・とある・ほんの・きたる

---

*連用修飾語
用言（動詞・形容詞・形容動詞）の意味を詳しく明らかにする働きを担う語。

*陳述の副詞
「叙述の副詞」「呼応の副詞」ともいう。

連体詞は、所属する語の数も少なく、用法の上で問題になることもあまりない。ただし、「この・その・あの・どの」など、事物を指し示す用法の場合には、指示代名詞と同様に何を指すのかが問題になるので、文章を読解する際にはそのつど注意が必要である。

接続詞

◆自立語で活用がなく、接続語（前後の語・句・文章をつなぎ、その関係を示す働きを担う語）となる。

例 **そして・すると・だから・ところが・けれども・では**

文と文、文節と文節とをつなぐ働きをする。

接続関係の上から分類すると、次のようになる。

① 順接……前の事柄の自然な結果が後にくることを表す。

例 **それで・そこで・それゆえ・ゆえに・だから・したがって**

例文 間違いを指摘された。**そこで**、すぐに直した。

② 逆接……前の事柄とそぐわない結果が後にくることを表す。

例 **だが・しかし・だけど・けれども・それなのに・それにしても**

例文 ドアを押してみました。**けれども**、ドアはびくともしません。

③ 累加・並立……前の事柄に後の事柄を付け加えたり、前後の事柄を並べたりすることを表す。

例 **また・そして・おまけに・そのうえ・しかも**

例文 降水量が年々減少しています。**また**、平均気温の上昇傾向も認められます。

④説明・補足……前の事柄に対して、説明や補足を付け加えることを表す。

例 **なぜなら・つまり・すなわち・例えば・ただし**

例文 球形を想像してください。**例えば**、テニスボールで考えてみましょう。

⑤対比・選択……前の事柄と後の事柄を比べたり、どちらかを選んだりすることを表す。

例 **または・あるいは・もしくは・ないしは・それとも**

例文 指定の用紙に万年筆**または**ボールペンで記入してください。

⑥転換……話題を変えることを表す。

例 **さて・ところで・ときに・では**

例文 本日はお忙しい中、まことにありがとうございました。**では**、さっそく本題に入らせていただきます。

接続詞にはそれぞれ独自の用法があるので、前後の関係を考えて、適切に使うことが大切である。

一般に接続詞は、文と文、文節と文節をつなぐと説明されるが、実際には段落と段落を結びつけることも少なくないので、文章の読解の際には注意したい。

例題 **一**～**四**の文のようなことを言うとき、（　）に入る言葉として最も適切なものを〔　〕から選んで番号で答えてください。一つの言葉は一回しか使えないこととします。

一 当日は朝から雨でした。（　）、電車の遅れまで重なりました。

二 この事件は、犯人の性格に直接の原因がある。（　）、社会的な背景も考慮に入れるべきだ。

三　デザインのできる人間がほかにいないのだ。（　　）、どうしても君に頼みたいのだが。
四　私は出席するつもりでいます。（　　）、当日体調がよければの話ですけれど。
〔①そこで　②しかし　③もっとも　④そのうえ　⑤あるいは　⑥さて〕

解答　一…④　二…②　三…①　四…③

感動詞

◆自立語で活用がなく、感動・呼びかけ・応答などを表し、独立語になる。

例　**さあ・おや・まあ・はい・こら・いいえ・もしもし**

連体詞と同様、用法の上で問題になることはあまり多くない。文の最初に使われることが多い。ただし、敬語の問題と関連して、場面ごとの適切な用法については知っておきたい。

助動詞

◆付属語で活用がある。

用言や体言などに付いてさまざまな意味を付け加えたり、話し手の判断を示したりするのに用いられる。

例　**た・だ・れる・られる・せる・させる・らしい・ようだ**

次にいくつかの助動詞の用例を示しておこう。

例　これが厳しい現実だ。〔断定〕
展示会はもう終わった。〔完了〕

文法

たぶん今度はうまくゆくだろう。〔推量〕
満腹で、もう食べられない。〔可能〕
弟に荷物を家まで運ばせる。〔使役〕
まだ何も準備していない。〔打消〕
様子からして、うまくいかなかったらしい。〔推定〕
このような色の紙はありませんか。〔例示〕
昔この辺に松の木があったそうだ。〔伝聞〕
とても来年まではもつまい。〔打消推量〕

〔助動詞の「ない」〕

存在しない・所有しないの意味の「ない」は形容詞であるが、動作や作用を打ち消す「ない」は助動詞なので区別しよう。次に助動詞「ない」の例を示しておく。（助動詞の場合には、打消を表す「ぬ」に置き換えることができる）

例

兄は宿題を見てくれない。（↓くれぬ）
電車が来ない。（↓来ぬ）
誰も知らない。（↓知らぬ）

〔可能・尊敬の「れる」と「られる」〕

助動詞の「れる」と「られる」は、〈可能〉の意味にも〈尊敬〉の意味にも使われる。次のような文では、どちらの使い方かはっきりしない場合が多い。したがって、相手に分かるように、話し手は明確に区別して表現する必要がある。

例　明日こちらに来られますか。（→尊敬の場合は「～いらっしゃいますか」としたほうがよい）

〈迷惑の受身の「れる」と「られる」〉

受身の形にすると、不利益や迷惑を受けるものであるというニュアンスを表すことがある。それを〈迷惑の受身〉と呼ぶことがある。

例　雨に降られる。
犬にほえられる。
白壁に落書きされる。
家の前にゴミを捨てられる。
貯《た》めた金を使われる。

助　詞

◆付属語で活用がない。

助詞は、〈格助詞・接続助詞・副助詞・終助詞〉に大きく分けられる。

格助詞……その語が文の中で他の語とどのような関係にあるかを示す。

例　が・の・を・と・に・へ・から・より

接続助詞……文と文、文節と文節との関係を示す。

例　て（で）・ても（でも）・ので・のに・ものの・ながら・けれど（けれども）

副助詞……限定・強意など、話し手の事物の扱い方を示す。

例　だけ・ほど・まで・さえ・でも・しか・くらい（ぐらい）

終助詞……文末に付いて、話し手の態度や気持ちを示す。

例 か・ね（ねえ）・よ・わ・な（なあ）・ものか

※このほか、準体助詞*・並立助詞*・間投助詞*などを別に立てることもある。

同じ内容の文でも、述語が自動詞・他動詞、受身・使役・可能などの表現に変化すると、それに合わせて〈格助詞〉も変わるので、ねじれた文を書かないように注意しよう。次にいくつか例を示す。

*他動詞・自動詞については82ページ「自動詞・他動詞の区別」参照

自動詞……ドラゴンが倒れた。
他動詞……王子がドラゴンを倒した。
受身表現……王子にドラゴンが倒された。
使役表現……王子にドラゴンを倒させた。
可能表現……王子にドラゴンが倒せた。

助詞は付属語で、単独では文節を構成できない品詞ではあるが、用法には区別があり、それぞれ独自のニュアンスを持つので、使う際には注意が必要である。次にいくつか説明しておく。

●「が」と「は」

同じ主語を示す場合でも、「が」と「は」ではニュアンスに違いがある。

例 A 私は山本です。
B 私が山本です。

右の用例では、使われる場面がまるで違う。Aは自己紹介などのときの挨拶《あいさつ》、Bは「山本さんはどなたですか」と聞かれたときの返事などである。「は」では下の「山本です」に力

---

*準体助詞
種々の語について、体言の資格を与える助詞。「小さいのを選ぶ」「僕のはこれだ」の「の」がこれに当たる。

*並立助詞
文法的に対等な資格の語を並べるのに用いる助詞。「肉と魚と卵」「金魚や小鳥」「行くなり帰るなり好きにしろ」「犬だの猫だの飼っている」の――部分がこれに当たる。

*間投助詞
文節の切れ目に付いて、語調を整え、語勢を添える助詞。「それでさ、僕もね、行くことにしたんだ」の――部分がこれに当たる。

点が置かれ、「が」では上の「私」に力点が置かれることになる。

●「へ」と「に」

助詞の「へ」と「に」はよく似ているが、使い方に違いがある。

「東京へ着く時刻」よりは「東京に着く時刻」の言い方のほうが一般的である。反対に「学校への途中」とは言うが、「学校にの途中」とは言わない。もともと「へ」は〈方向〉を表し、「に」は〈場所〉を表す助詞であった。したがって、「椅《い》子《す》に座る」とは言うが、「椅子へ座る」とは言わない。

●「ば」と「と」

ともに順接の接続助詞として使われるが、多少印象が異なる。

例 A 夏が来れば思い出す。
　 B 夏になると思い出す。

Aの「ば」は、仮定の意味が強く、〈主観的〉な印象が強い。一方、Bの「と」は、自然な因果関係を表し、事実などをもとにした〈客観的〉な印象が強い。

●「から」と「ので」

理由を示す「から」と「ので」も、互いによく似た接続助詞である。しかし、用法は微妙に異なる。

例 嫌いな犬がいるから、この道は通りたくない。

例 大雨注意報が出たので、予定した遠足は延期します。

「から」の用例としては、ほかに「気が進まないから、今回は参加を見合わせた」「そんなことだから、君は信用を失うんだ」「心配だったから、様子を見に来たよ」などがある。また、「ので」の用例としては、ほかに「グラウンドの状態がよくないので、使用は見合わせよう」「彼と会うのは十年ぶりなので、うれしさもひとしおです」「フランスはあまりにも遠いので、簡単に旅行もできない」などがある。

これらの用例からも明らかなように、「から」の場合にはかなり〈主観的〉な理由というニュアンスがあり、「ので」の場合には事実などをもとにした〈客観的〉な理由というニュアンスがある。

文の文法

語順と係り受け

〔語順〕

日本語の一般的な語順は、次のとおりである。

①主語は述語の前にくる。
②修飾語は被修飾語*の前にくる。
③独立語、文と文を結ぶ接続語は文の初めにくる。

ただし、話し言葉などでは、右の語順が変わることも少なくない。次の例は、主語が文の最初に来ていない場合である。

例 そんなことをしたって、私が?

また、文には必ず主語が置かれるとも限らない。書き手自身が主語の場合には、しばしば省かれる。

---

*被修飾語
修飾語によって、その意味内容を詳しく言い定められる語。

例 晴れた日に、窓から遠くの山々を眺めると、落ち着いた気分になる。
また、語順を変えることによって、文の印象もさまざまに変わる。
例文 九月十日、霧雨の中、私たちは学校の遠足で大山に向けて出発した。
試みにこの文の語順を順番に変えていってみよう。
例 ・霧雨の中、私たちが学校の遠足で大山に向けて出発したのは、九月十日のことだった。
・九月十日、霧雨の中、私たちが大山に向けて出発したのは、学校の遠足としてだった。
・九月十日、霧雨の中、私たちが学校の遠足で出発したのは、大山に向けてだった。
・九月十日、霧雨の中、学校の遠足で大山に向けて出発したのは、私たちだった。
・九月十日、私たちが学校の遠足で大山に向けて出発したのは、霧雨の中だった。
このように語順を変えてみると、最後にくる語句が特に強調されていることが分かる。

〔係り受け〕

文中の語句が、下のどの語句を修飾しているのかが、「係り受け」の問題である。文章を書く際には、読み手を混乱させないように、どこに係り、どの言葉を説明しているのか、語句の係り受けには細心の注意が必要である。次の文ではどうだろうか。

例文 猟師は傷だらけになって逃げる熊を追いかけた。

例文 きのう図書館で借りた本を読んだ。

それぞれ、「傷だらけになって」「きのう」がどの言葉の説明になっているのかが曖昧《あいまい》である。このような場合には、読点（、）を使って区別するか、語順を変えるかなどの工夫が必要となる。例えば、次のように表せば、それぞれの内容がはっきりするだろう。

例 猟師は、傷だらけになって逃げる熊を、追いかけた。
(傷だらけになっているのは「熊」)
傷だらけになって逃げる熊を、猟師は追いかけた。
(傷だらけになっているのは「熊」)
猟師は傷だらけになって、逃げる熊を、追いかけた。
(傷だらけになっているのは「猟師」)

例 きのう、図書館で借りた本を読んだ。(読んだのが「きのう」)
図書館で借りた本を、きのう読んだ。(読んだのが「きのう」)
きのう図書館で借りた本を、読んだ。(借りたのが「きのう」)

もう一つ例を挙げておこう。

例文 吉田さんの息子と妹が演奏会に出かけた。

これも「息子と妹」の関係を知らない読み手には、内容がはっきりしない。次のように書けば多少は分かりやすくなるだろう。

例 吉田さんの息子と妹さんとが演奏会に出かけた。(「妹」は吉田さんの妹)
吉田さんの息子とわたしの妹が演奏会に出かけた。(「妹」はわたしの妹)

語順とは別に、もともと紛らわしい表現もある。次の例がそうである。

例文 加藤君は高橋君のようにうまくない。

これでは、高橋君がうまいのかうまくないのかが分からない。紛らわしい表現なので、次のような誤解のない言い方を初めから目指したほうがいい。

例　加藤君も高橋君もうまくない。
　　高橋君は上手だが、加藤君は下手だ。

陳述の副詞

副詞のうち、陳述の副詞は、語り手の気持ちや姿勢を表すもので、後に一定の決まった言い方がくるので注意が必要である。次にいくつか例を挙げてみよう。（――部分が陳述の副詞、……部分が呼応する表現である。）

＊83・91ページの「陳述の副詞」参照。

例　おそらく約束の時間に間に合わないでしょう。〔推量〕
　　なぜそんなにあわてているのですか。〔疑問〕
　　なにとぞ今回だけは勘弁してください。〔依頼〕
　　もしも会えなかったらどうしよう。〔仮定〕
　　断じて許すことはできない。〔打消〕
　　必ずしも成功するとは限りません。〔打消〕
　　どうしてそんなことがあろうか。〔反語〕
　　まさかそんなことはあるまい。〔打消推量〕
　　まるで夢を見ているようだ。〔比況〕

次の例では、副詞に呼応する表現が下にないために、ねじれた文となっている。

例文　もし高校へ進学して、親友の安野さんと別れるのがどんなにつらいだろうと思いました。

▼これは、「別れるのが」を「別れるとしたら」という仮定の表現に直すのがよ

い。

このほか、〈接続助詞〉や〈副助詞〉にも、話し手の気持ちや姿勢を示すものがあるので、副詞と同様、表現するときには適切に用いて、ねじれた文にならないような注意が必要である。

これらについて、次にいくつか例を示してみよう。

《接続助詞》

例 お店の外に出ると、ばったりAさんに会った。〔相次いで起こる〕
今日は熱があるので、水泳は見学します。〔原因・理由〕
その犬は、何を食べさせても、食べなかった。〔逆接〕
喧嘩《けんか》に勝ったところで、君の評判が上がるわけでもあるまい。〔仮定の逆接〕
抜群の才能を持ちながら、それを生かしていない。〔相応しない関係〕

《副助詞》

例 これこそ私が長年探してきた遺跡だ。〔強調〕
これほどの財宝は見たことがありません。〔程度〕
この商品などはいかがでしょうか。〔例示〕
昼はラーメンでも食べようか。〔一例を挙げる〕
君がそんなことまでしなくてもいいんだよ。〔極端な場合を挙げて強調する〕

個々の助詞の持つ微妙なニュアンスを正しく理解しておきたい。

例題 一〜二、三〜四の文のようなことを言うとき、（　　）に入る言葉として最も適切なものを、それぞれ後の〔　〕から選んで番号で答えてください。一つの言葉は一回しか使えないこととします。

一（　）この雨がやまなかったら、明日の試合は延期しよう。

二　電車が遅れているので、彼は（　）次の電車で来るでしょう。

〔①きっと　②まさか　③もし　④決して〕

三　一生懸命練習した（　）、優勝できなかった。

四　一日じゅう働いたお礼として、これ（　）もらえなかった。

〔①ても　②しか　③から　④のに〕

解答　一…③　二…①　三…④　四…②

語句の誤用と文のねじれ

語句の誤用

〔重複した表現〕

ひと続きの語句の中で、内容的に重なった表現をすることがあるが、これも誤用の一種といえる。

例

いちばん先頭　ほとんどすべて　机上の上　今の現状

大好きな好物の　被害を被《こうむ》る　過半数を超す　激しい激戦

突然急停車する　いまだに未解決

次は、一つの文の中に重複した内容を含んでいる例である。

例　自分でもいくらか自慢したい気持ちがなきにしもあらずです。

▼「いくらか」と「なきにしもあらず」が内容的に重複している。

次のような例も、作文ではよく目にするので気をつけたい。

例　自転車がパンクした原因は、空気が足りなかったのが原因です。

水泳部に入部した動機は、体が丈夫になると思ったから入部しました。

〔語句の不正確な表現〕

一般に決まった言い方があるのに、それとは違った不確かな言い方をしてしまうことがあるので注意しよう。

例　×甘やかせる→○甘やかす

×なごやんだ→○なごんだ

×どうしようもならない→○どうしようもない

〔慣用的な語句の表現〕

慣用的な言い方から外れると、やはり誤りとなる。

例　×食事ものどに通らない→○食事ものどを通らない

×仕事に手がつかない→○仕事が手につかない

×嫌気をさす→○嫌気がさす

×鼻を背ける→○顔を背ける

×誰に指さされるようなことはしていない

→〇人に指さされるようなことはしていない

〔並列の表現〕

物事を並列して言う場合には、決まった形がある。「**〜なり〜なり**」「**〜たり〜たり**」の表現では、一方の「なり」や「たり」を省略して使うことはできない。次に並列の誤用の例を示してみよう。

例 不明な点は、今ここで質問するなり、後で質問に来てください。

▼「後で質問に来てください」を「後で質問に来るなりしてください」に直す。

例 私は、彼が人を非難したり、悪口を言うのを聞いたことがありません。

▼「悪口を言うのを」を「悪口を言ったりするのを」に直す。

また、語句を並べる場合には、語句を整った形で列挙する**必要がある**。

例 支配と支配されるもの。

▼「支配するものと（支配）されるもの」に直す。

例 具体的な仕事内容は、電話の取り次ぎと、お茶の接待と、掃除をするだけです。

▼「掃除をするだけです」を「掃除だけです」に直す。

文のねじれ

ねじれた文とは、書き手の不注意によって、文意が分かりにくかったり、誤解を受けやすくなったりした文のことである。主述の照応しないものが多いが、そのほかにも、必要な語句の省略、語順の乱れ、係り受けの曖昧なものなど、さまざまな要素が広く含まれる。

〔必要な語句の省略〕

文法

省略しても誤解のない語句を省くことは、日常行われているが、ないと分かりにくい場合の主語を省いてはいけない。

例 正太郎君が土手から転落したときに、持っていた鎖を放したので、主人の急を知らせに駆け戻ったのだろう。

▼「駆け戻った」の主語がないので、「主人の急を知らせに」の前に、「愛犬は」などが必要である。

〔前後が照応しない文〕

前の語句と後の語句とが照応していない文が、ねじれた文の典型である。

例 京都近郊で、私の特に気に入ったところは醍醐寺《だいごじ》の春であった。

▼「気に入ったところは…春であった」では、主述が照応していない。「特に気に入ったのは…醍醐寺の春（の風景・風情・雰囲気）であった」などに直す。

例 安全な食品でも、人の手から手へ渡る際に、どこで汚染されないという保証は全くないはずだ。

▼「どこで汚染されないとも限らない」と「汚染されないという保証は全くないはずだ」の二つの表現が一緒になってしまっている。どちらかの言い方に統一すること。

例 このほかにも、さまざまな化粧箱の詰め合わせが取りそろえています。

▼「化粧箱の詰め合わせが取りそろえています」は照応していない。「詰め合わせが」を「詰め合わせを」に直すか、「取りそろえています」を「取りそろえてあります」に直すかする。

例 ヨーグルトにはこんな力を持っているからです。

▼「ヨーグルトにはこんな力を持っている」は不適切。「ヨーグルトには」を「ヨーグルトは」に直すか、「力を持っている」を「力がある」に直すかする。

例 私はどこか外国でも行って、見聞を広めたいと思っている。

▼「外国」と「行って」との関係を示す格助詞が必要。「外国にでも行って」に直す。

例 ぼくが納得できないのは、だいたい彼が人にものを頼むときの態度が気に食わない。

▼「納得できないのは、…態度が気に食わない」は照応していない。「態度が気に食わないからだ」に直す。

例 信じられない。君がそんな思いやりのない人間ではなかったはずだ。

▼「君が……人間ではなかったはずだ」は不自然な表現。「君は……人間ではなかったはずだ」に直す。

例 四月七日、新しい高校生活にスタートした。

▼「新しい高校生活にスタート」は照応していない。「新しい高校生活がスタートした」と直すか、「新しい高校生活に向かってスタートした」と直すかする。

文のねじれの実例は、日常生活の中でわたしたちの身の回りにあふれている。自分でそのような文章を書かないよう努力をするとともに、他人の書いた不適切な表現に気づく目を養っていきたいものである。

検定問題・4級

次の文の中で、文を構成する要素間の文法的、また意味的な関係から、文の表す意味が一通りの解釈に限られるものを二つ選び、番号で答えてください。

1 兄は近々、私も会ったことがある中学時代の友人と温泉に行くそうだ。
2 父は弟と将来を有望視されているバドミントン選手の試合を見に行った。
3 私の家で飼っている猫の毛は白色で、隣の家の猫も同じだ。
4 妹が通っている英会話教室の先生にショッピングセンターでたまたま会った。
5 雨が降り出したので、祖母に傘を持っていくように言われた。

解答 1 3

解説
1 「私も会ったことがある中学時代の友人」は一通りの解釈に限られ、「(その友人と) 兄は近々温泉に行く」という関係になることを表している文であるので、多様な解釈は生じない。
2 父が、「弟と一緒に試合を見に行った」のか、「将来を有望視されているバドミントン選手と弟との試合」を見に行ったのか、二通りの解釈が成り立つ。
3 「私の家で飼っている猫の毛は白色」であることは一通りの解釈に限られ、「隣の家の猫も同じだ」の「同じ」は「毛が白色であること」を表しているので、多様な解釈は生じない。
4 「妹が、私が通っている英会話教室の先生に会った」のか、「妹が通っている英会話教室の先生に、私が会った」のかなど、複数の解釈が成り立つ。

5 「誰かから言われて、私が祖母に傘を持っていく」のか、「傘を持っていくように、私が祖母から言われた」のかなど、複数の解釈が成り立つ。

活用表

動詞活用表

種類	行	基本形	語幹	未然形	連用形	終止形	連体形	仮定形	命令形
（主な続き方）				ナイ レル ラレル ウ・ヨウ	マス タ テ	言い切る ト カラ	トキ コト ノ	バ	命令で言い切る
五段	カ	書く	か	か こ	き い	く	く	け	け
五段	サ	話す	はな	さ そ	し	す	す	せ	せ
五段	タ	立つ	た	た と	ち っ	つ	つ	て	て
五段	ナ	死ぬ	し	な の	に ん	ぬ	ぬ	ね	ね
五段	マ	読む	よ	ま も	み ん	む	む	め	め
五段	ラ	走る	はし	ら ろ	り っ	る	る	れ	れ
五段	アワ	言う	い	わ お	い っ	う	う	え	え
五段	ガ	防ぐ	ふせ	が ご	ぎ い	ぐ	ぐ	げ	げ
五段	バ	飛ぶ	と	ば ぼ	び ん	ぶ	ぶ	べ	べ
上一段	ア	用いる	もち	い	い	いる	いる	いれ	いろ いよ
上一段	カ	起きる	お	き	き	きる	きる	きれ	きろ きよ
上一段	タ	落ちる	お	ち	ち	ちる	ちる	ちれ	ちろ ちよ
上一段	ナ	似る	（に）	に	に	にる	にる	にれ	にろ によ
上一段	マ	見る	（み）	み	み	みる	みる	みれ	みろ みよ
上一段	ラ	借りる	か	り	り	りる	りる	りれ	りろ りよ
上一段	ガ	過ぎる	す	ぎ	ぎ	ぎる	ぎる	ぎれ	ぎろ ぎよ
上一段	ザ	閉じる	と	じ	じ	じる	じる	じれ	じろ じよ
上一段	バ	延びる	の	び	び	びる	びる	びれ	びろ びよ
下一段	ア	教える	おし	え	え	える	える	えれ	えろ えよ
下一段	カ	受ける	う	け	け	ける	ける	けれ	けろ けよ
下一段	サ	乗せる	の	せ	せ	せる	せる	せれ	せろ せよ
下一段	タ	建てる	た	て	て	てる	てる	てれ	てろ てよ
下一段	ナ	重ねる	かさ	ね	ね	ねる	ねる	ねれ	ねろ ねよ
下一段	ハ	経る	（へ）	へ	へ	へる	へる	へれ	へろ へよ
下一段	マ	止める	と	め	め	める	める	めれ	めろ めよ
下一段	ラ	流れる	なが	れ	れ	れる	れる	れれ	れろ れよ
下一段	ガ	曲げる	ま	げ	げ	げる	げる	げれ	げろ げよ
下一段	ザ	混ぜる	ま	ぜ	ぜ	ぜる	ぜる	ぜれ	ぜろ ぜよ
下一段	ダ	出る	（で）	で	で	でる	でる	でれ	でろ でよ
下一段	バ	食べる	た	べ	べ	べる	べる	べれ	べろ べよ
カ変	カ	来る	（くる）	こ	き	くる	くる	くれ	こい
サ変	サ	する	（する）	し せ さ	し	する	する	すれ	しろ せよ
サ変	サ	勉強する	勉強	し せ さ	し	する	する	すれ	しろ せよ

形容詞活用表

基本形	語幹	未然形	連用形	終止形	連体形	仮定形	命令形
（主な続き方）		ウ	タ ナル ナイ ゴザイマス	言い切る ト カラ	トキ コト ノ	バ	
寒い	さむ	かろ	かっ く う	い	い	けれ	○
楽しい	たのし	かろ	かっ く う	い	い	けれ	○

形容動詞活用表

基本形	語幹	未然形	連用形	終止形	連体形	仮定形	命令形
（主な続き方）		ウ	タ ナイ ゴザイマス ナル	言い切る ト カラ	トキ コト ノ	バ	
便利だ	べんり	だろ	だっ で に	だ	な	なら	○
便利です	べんり	でしょ	でし	です	（です）	○	○

＊中学校国語科用教科書『新編新しい国語1』（東京書籍）による。

●語彙

「語彙《ごい》」とは

「語彙」とは、ある範囲内における単語の総体であり、この「語彙」領域で問われるのは、言葉の豊富さである。自身がどれだけ豊富な語彙を持っているかは、読書量など、日頃の経験に大きく左右される。

本章では、「語と語の関係」をはじめとして、「語彙」領域での注意点を紹介しているが、語彙の学習は、法則や注意点を知ればそれで終わりというものではなく、実際の言葉に触れ、語彙を増やしていく経験が必要であることはいうまでもない。90ページからは、要注意語の一覧を掲げる。注意点や簡単な用例を記してあるので、活用してほしい。

また、本章は、次章「言葉の意味」とも密接な関係を持つ領域である。その言葉を正しく知っているということは、その言葉の意味を正しく理解し、正しく使用できるということでもあり、そのような意味面、実際の使用の場面の問題は、「言葉の意味」の領域の問題となるのである。そこで、「言葉の意味」を正しく理解しつつ、「語彙」の量を増やしていく、というように、この二つの領域の学習は、実際は同時に行われると考えてよい。次章の後半にも、慣用句やことわざなどの一覧が掲載されているので、そちらも併せて活用してほしい。

本章の本文は語彙学習の手助けとなるよう道筋を示したものであり、章末の一覧も一例にすぎない。本文で、何に気をつけ、どう考えればいいのかを把握したうえで、その先にある、実際の経験の積み重ねこそが重要である。

語と語の関係

語と語の関係を意味の面から考えると、何らかの関係があると感じられる組み合わせがいろいろ浮かぶ。例えば、「正当」―「不当」という組み合わせを考えるなら、両者は〈反対の意味を持った語の組み合わせ〉であると感じられるだろう。

語と語の関係は、このような反対どうしというもの以外にも、さまざまな関係がありうる。そのような語と語の関係をきちんと意識し、自分の中で整理しておくことは、自身の語彙を体系的に整理し、実際の場面で適切な言葉を選んで用いることができるようになるためにも重要なことである。

主な語と語の関係

ここでは、語と語の関係のうち、代表的なものを挙げる。

対義関係

右に挙げた「正当」と「不当」のように、〈反対の意味を持つものの組み合わせ〉を「**対義関係**」*という。また、ある語に対して、反対の意味を持つ語（例えば、「正当」に対する「不当」）を「対義語」という。

例 公立―私立　無償―有償　利益―損失　革新―保守

＊対義関係の例
肯定―否定
順接―逆接
可決―否決
正当―不当
輸出―輸入
平凡―非凡
開幕―閉幕
贈賄―収賄
短縮―延長
過激―穏健
発効―失効
起床―就寝
過剰―不足
傑作―駄作
特殊―一般
凝固―融解
丁重―粗略
需要―供給
絶対―相対
人工―天然
絶賛―酷評
正道―邪道
着工―落成
主観―客観

類義関係

例えば「懸念《けねん》」と「心配」は、ともに気がかりなことを表す語であり、似たような意味であるといえる。このように、〈似たような意味を持つものの組み合わせ〉を、「類義関係*」という。また、ある語に対して、似たような意味を表す語を「類義語」という。

例 邪魔―妨害　すきま―間隙《かんげき》　仕返し―報復　死亡―他界

上下関係

「哺乳類」と「ヒト」の関係を考えてみよう。「ヒト」は「哺乳類」の一種であり、「哺乳類」に含まれる。この、「哺乳類」と「ヒト」のような関係を「**上下関係**」という。また、ここでの「哺乳類」のように、ひとまとまりのものを表すほうを「上位語」、「ヒト」のように、それに属するものを表すほうを「下位語」という。

例 医者―開業医　食器―皿　内臓―肝臓　魚類―鮪《まぐろ》

並列関係

「月曜日」と「火曜日」の関係を考えてみよう。これは、「曜日」という基準のもと、それを構成するものとして同じ立場にある。このような関係を「**並列関係**」という。

例 赤・青・黄……色
東・西・南・北……方角
ピアノ・笛・太鼓……楽器

＊類義関係の例
我慢―辛抱
傍観―座視
役人―官吏
多少―若干
理由―ゆえん
懸念―心配
不平―不満
早世―早死に
納得―合点
達成―成就
寛大―寛容
内緒―内密
方針―指針
名案―妙案
頑丈―堅固
臆病―小心
功績―手柄
怠惰―横着
音信―消息
削除―抹消
奇抜―突飛
興亡―栄枯

類義・対義に関しては、一つの語に対して

その他の関係

以上、語と語の関係のうち、主要なものを紹介したが、語と語の関係は、決してこれですべてというわけではない。他にもさまざまな関係があるので、ここでは他の例をいくつか紹介する。それぞれの関係の呼び名は覚える必要はないが、以下に挙げる例を含め、それ以外にもさまざまにありうる語と語の関係を、その場で柔軟に考えられるようになることが必要である。

道具と、その用途の関係

「ライター」と「着火」の関係を考えてみよう。この組み合わせは、「ライターで着火する」と言えるように、道具と、それを使ってすること、という関係をなしているといえる。

例 カメラ―撮影　手袋―防寒　糊《のり》―接着　フライパン―料理

ものと、その部分の関係

「自転車」と「ペダル」の関係を考えてみよう。「ペダル」は、「自転車」を構成する一部分である。このように、一方に対し、もう一方がその部分であるという関係も、よく見られる関係である。

例 時計―針　本―表紙　鳥―翼　ギター―弦

複数の類義語、対義語が存在する場合もあり、本書で挙げている例は、あくまで一例としての関係にすぎない。

例えば、「死亡」の類義語は、前ページの例では「他界」を挙げたが、この時点で対義関係に目を転じると、「誕生」に対する対義語は「死亡」だけでなく「他界」も対義語ということになる。さらに類義関係に目を戻すと、「死亡」の類義語は他にも「死去」「物故」など、複数挙げることもできる。

このように、類義・対義の関係は、一対一の組み合わせとは限らないこともあるので、注意が必要である。

尊称と、一般的な呼称の関係*

「尊父」と「父」の関係を考えてみよう。「尊父」は、他人の父親を敬って言うときの尊称である。よって、この関係は、尊称と一般的な呼称の関係にあるととらえることができる。

例　尊父―父　　母堂―母　　御子息―息子　　令嬢―娘

ものと、それを産出する場所の関係

「石油」と「油田」の関係を考えてみよう。この組み合わせは、「石油は油田で産出される」と考えられるので、ものと、それを産出する場所の関係であるということができる。

以上のような例まで見れば明らかなように、語と語の関係の種類は、さまざまにありうる。よって、基本的な関係は押さえておくとしても、それですべてではないことを自覚しておこう。また、その他さまざまにありうる関係については、暗記に走ってもきりがないので、その場で柔軟に考えられる力をつけておくことが大切である。

例題　次の一～三のそれぞれについて、【　　】の中に記されているものと同じ関係になる組み合わせを一つ選んでください。

一【余裕―ゆとり】

①そろばん―計算　②間隙―すきま　③毛―ひげ　④損―もうけ

二【母―母堂】

①息子―愚息　②御社―弊社　③息女―令嬢　④父―厳父

＊尊称と、一般的な呼称の関係

この関係において、その言葉が指すものは同じであるため、これらは同時に類義関係と認めることもできる。共通性に注目すれば類義関係にあるもののうち、その中での差異に注目すると、「尊称と、一般的な呼称」という関係が見えてくる、という関係である。このように、一つの組み合わせに見いだされる関係は一つとは限らず、何に注目するかによって複数の関係を見いだすこともできる。

また、「尊称と、一般的な呼称」といった関係を見抜くためには、「尊父」は敬称であるということを知っていなければならず、

三【教育—教師】
①学校—生徒　②演技—俳優　③建物—大工　④レストラン—コック

解答　一…②　二…④　三…②

解説　一　類義関係にあるものを選べばよい。①は道具と用途、③は上下関係、④は対義関係。

二　一般的な呼称と尊称の関係にあるものを選ぶ。「厳父」は相手の父の尊称である。①の「愚息」は自分の息子をへりくだって言う言い方。②「御社」は相手の会社に対する尊称、「弊社」は自分の会社をへりくだって言う言い方。③「息女」「令嬢」ともに尊称。

三　提示されている組み合わせは、ある行為と、それを職業とする人の関係である。③の「建物」は「大工」がつくるもの、④の「レストラン」は「コック」の職場であって、ともに「教師」にとっての「教育」のような「行為」ではない。

結び付きにおける語の性格

それぞれの語は、実際の表現において、他の語と結び付いて文を構成する。前節では、語が単語として並んでいるだけの場合、すなわち単語レベルでの注意点として「語と語の関係」をみてきたが、本節では、主に文レベル、語が実際に他の語と結び付く場合において、注意しておくべき事柄を挙げる。他の語と結び付いて文を構成する際には、さらにさまざま

それは「敬語」領域の問題でもある。「語彙」の領域といっても、他の領域の知識が関わってくる部分ももちろんあるので、他の領域とのつながりも考えながら、総合的に学習していくことが望ましい。

また、これに限らず、語と語の関係を見抜くには、その語の意味が分かるということが前提になる。日頃から語彙を豊富にし、意味も正確に把握しておくよう努めておきたい。

な角度からの注意が必要である。

文法との関連

語と語が結び付くという以上、文法と無縁ではいられない。「語彙」領域に属する単語なども、実際の文の中での適切な使用という場面においては、「文法」領域の問題とかかわってくる。

自動詞・他動詞の区別

個々の動詞には、結び付く名詞の格（「○○が」「○○を」「○○に」など）が決まっている。例えば、「落とす」という動詞なら、「**が**」格や「**を**」格と結び付く。一方、「落ちる」という動詞なら、「が」格と結び付くだけで、「を」格とは結び付かない。「太郎は、財布をうっかり川に落ちてしまった」などという言い間違いは、文中の名詞の格と、動詞が結び付く格が食い違うという誤りで、「文法」の間違いであるが、これを間違いだと判断できるのは、「落ちる」という動詞は「を」格とは結び付かない、ということを知っているからであり、これは「語彙」の知識である。このように、「語彙」領域で知っておくべきそれぞれの語に関する意味や性格は、他領域、例えば「文法」領域にも関連しているのである。*

さて、動詞と結び付く格は、「が」「を」のほかに「に」「から」「へ」など、多様であるが、特に「が」「を」の二つに注目して、動詞を二つに分類することができる。「落とす」など、「が」「を」の両方と結び付く動詞を「**他動詞**」、「落ちる」など、「が」とは結び付くが「を」

*この他、文レベルで気をつけるべきこととしては、「頭痛が痛い」式の、意味的に二重になってしまう表現をし

とは結び付かない動詞を「**自動詞**」という。
また、日本語の動詞には、形の上で他動詞と自動詞が対をなしている場合が多く見られる。
〔上—他動詞、下—自動詞〕
例 上げる—上がる　立てる—立つ　壊す—壊れる　伸ばす—伸びる

陳述の副詞

文における語と語のつながりの中には、動詞がどのような格と結び付くか、ということのほかにも、ある副詞を使うと、その後の文の言い方に制限がかかる、というものがある。例えば、「**どうか**」という副詞は、依頼や嘆願、願望を表し、そのためにこれを用いた文は「ください」などの言い方で結ばれることになる。このように、〈文の言い方と呼応する副詞〉を「**陳述の副詞**」（または「呼応の副詞」「叙述の副詞」）という。
陳述の副詞をどれだけ知っているか、という知識は語彙の問題であるが、実際の文表現において、正しい文末表現ができているかどうかは文法の問題でもある。ここでも「語彙」と「文法」は関連するので、陳述の副詞については、その正しい意味を知ると同時に、文レベルにおいてどのような言い方と呼応するのかもきちんと把握しておく必要がある。

【基本的な陳述の副詞】

決して……打消　例「ない」など
たぶん・おそらく……推量　例「だろう」など
もし……仮定　例「なら」など
たとえ……逆接仮定　例「ても」など

ないということが挙げられる。
やや難しい言葉になると、このようなミスも起こりやすい。例えば、「うなだれる」は、頭を垂れるという意味なので、「頭をうなだれる」というのは「頭痛が痛い」式の間違いである。同様に、「可動」であれば、「可」自体が「できる」という意味を持っているので、「可動する」というところを「可動できる」というのも誤りである。

ぜひ……希望　例「たい」など
まるで……比況　例「ようだ」など
なぜ……疑問　例「か」など

＊91ページからの「陳述の副詞」を参照のこと。

慣用句

慣用句とは、複数の語が固定的に結び付いて、特別な意味を表すものである。

例えば、「足を洗う」という言い方で、「よくないことを続けていたのをやめること」を表すことがある。この意味は、「服を洗う」「髪を洗う」などの意味と比べれば明らかなように、単語の意味を普通に結び付けただけの意味とは異なる。このように、ある特定の結び付きの場合に限り、特別な意味を表すというのが**慣用句**の特徴である。よって、慣用句に関しては、それを構成する語の結び付きを正確に知っておかなければならない。また、慣用句は、右で述べたとおり、外見上の語の意味の足し算からは予測できない特別な意味を表すので、その意味を正確に知っておくことも重要である。

文の中で慣用句が正しい意味で使えるか、という問題は、次章「言葉の意味」の領域の問題でもある。慣用句は、それを構成する語の組み合わせという「形」と、それが表す「意味」をともに関連付けて、正確に把握しておく必要がある。

主な慣用句に関しては、次章「言葉の意味」に一覧表を掲げてある。（109ページ）

例題 次の一〜三について、【　】内にふさわしい言葉を後の①〜⑤の中から選んでください。

一　人の味方をする……………肩を【　】
二　人の会話に割り込む………口を【　】
三　人の邪魔をする……………足を【　】

①はさむ　②持つ　③洗う　④引っ張る　⑤見る

解答　一…②　二…①　三…④

特定の結び付きをする語*

語によっては、ある特定の語と結び付くことが多いものがある。

例えば、「物議」という名詞は、「世間での議論や批評」という意味であるが、「醸《かも》す」という動詞と結び付き、「物議を醸す」という言い方で使われる場合がほとんどであり、「物議を警戒する」「物議が忘れられる」などの自由な結び付きは、意味的にはありそうに見えても、実際はまず使われることがない。

このように、ある組み合わせで用いられることが特に多い語があるので、それらについては、ただ単語として意味を知っているだけではなく、よく用いられる組み合わせまで含めて知っておく必要がある。

＊92ページ「特定の使い方が多いもの」を参照のこと。

＊特定の結び付きをする語と「慣用句」

慣用句は、典型的には特定の語の組み合わせによって、もとの文字通りの意味とは違う特別な意味を表す、というものである。したがって、特定の結び付きをする語については、その結果特別な意味になっていると意識されない限り、日常的

擬音語・擬態語*

日本語には、「がちゃっ」「どすん」など、音を写し取った「**擬音語**」のほかに、感情や態度、物事のありようなどを表現する「**擬態語**」も豊富に存在する。落ち着かない様子を表す「おどおど」、動作が遅い様子を表す「のろのろ」などが擬態語である。これらは実際に「おどおど」などという音を立てているわけではないが、「おどおど」という音のイメージで、落ち着かない様子を表現しているのである。

　これら擬態語は、その状況にふさわしい適切な使い方というものがあるので、それぞれの擬態語が表す様子、およびどのような状況で用いられるか（あるいは、実際どのような動詞を修飾するか）を知っておく必要がある。

＊92ページ「擬態語」を参照のこと。

助数詞

数を数えるとき、「一つ、二つ」や、「一個、二個」のように、数を表す語のあとに「つ」「個」などが付く。この、「つ」や「個」のようなものを「**助数詞**」という。さらに、本なら「一冊」、鳥なら「一羽」、人間なら「一人」というように、日本語には、助数詞が豊富に存在し、何を数えるかによって助数詞が変わってくる。そこで、数えるものに応じて適切な助数詞が使えるようになっておかなければならない。

　また、例えば食品としてのイカは、「一つ」や「一匹」ではなく、正式には「一杯」と数

な感覚では慣用句には入らない。ただし、どこまでを慣用句と見なすかは立場によって違いがあり、組み合わせが固定的であれば、広い意味で慣用句に含めるという考えもある。この広い意味では、「物議を醸す」はもちろん、「将棋を指す」「相撲を取る」などまで慣用句に含まれることになる。

＊擬音語・擬態語
　擬音語と擬態語の線引きは、実際には完全にできるものではなく、ときに振り分けの難しい場合もある。例えば、「びしょびしょ」は、ひどく濡《ぬ》れている様子を表す擬態語といえるが、水滴などが絶えず落ちる音を模した擬音

える、などというように、一般的な助数詞でも表せそうなものが、正式には専用の助数詞を持っているという場合も多いので、細かい注意が必要である。

【助数詞の例】

箪笥《たんす》…一棹《ひとさお》
暖簾《のれん》、蚊帳《かや》…一張《ひとはり》
将棋、碁の対戦…一局《いっきょく》、一番《いちばん》
俳句、川柳…一句《いっく》
相撲…一番《いちばん》
イカ、タコ、カニ…一杯《いっぱい》
ざるそば…一枚《いちまい》
バイオリン…一挺《いっちょう》
太鼓、琴…一張《ひとはり》
刀…一腰《ひとこし》・一振《ひとふり》

足つきの家具（椅子《いす》、机など）…一脚《いっきゃく》
寄席、演芸…一席《いっせき》
和歌…一首《いっしゅ》
詩…一篇《いっぺん》
豆腐、油揚げ…一丁《いっちょう》
ご飯…一膳《いちぜん》
寿司《すし》…一貫《いっかん》
ピアノ…一台《いちだい》
三味線…一棹《ひとさお》
ハサミ、鎌《かま》、鍬《くわ》…一丁《いっちょう》

語種と文体

最後に、語の分類に関する観点をあと二つほど紹介する。一つは、その語がどの言語に由来するかという観点、もう一つは、その語が、話し言葉や書き言葉といった文体のうち、どのようなものになじみやすいかという観点である。

語がもとになっており、「雨がびしょびしょ降る」のような使い方では擬音語といえる。また、そもそも擬態語の中には、擬音語をもとにするものも多い。

和語・漢語・外来語*

日本語の語彙の中には、外国語から取り入れられたものも数多く存在する。例えば、「フライパン」などは明らかに外国語から取り入れられたものだと分かるだろう。しかし、「本来の日本語」と「本来は日本語ではなかったもの」との区別は、右のようなカタカナ語を排除すれば残りはすべて本来の日本語、と簡単に片付けることはできない。「家屋」という語について考えてみよう。これは、「フライパン」よりも日本語らしいと感じられるだろう。しかし、これは、古代に中国大陸から漢字が伝えられたことによって取り入れられたものであり、厳密な意味では本来の日本語ではない。これに対し、「あたま」などは、本来の日本語であるとされる。

このように、語を、その由来によって分類しようとする観点を「語種」という。日本語の語種の原則としては、

和語……日本固有の、本来の日本語

漢語……主に古代から中世にかけて、中国大陸から漢字とともに入ってきた語

外来語…漢語よりも後に、主に欧米諸言語から入った語

の三つが区別できるようにしておきたい。右の例でいえば、「あたま」が和語、「家屋」が漢語、「フライパン」が外来語である。

外来語は感覚的にすぐ分かるだろうし、主にカタカナ表記という点でも見分けがつきやすいが、難しいのは和語と漢語の区別である。漢語は漢字表記になるが、それに対し和語は平

＊和語・漢語・外来語　和語・漢語・外来語の中には、ほぼ同じ意味として言い換えがきくものがある。例えば「カレンダー」（外来語）と「こよみ」（和語）、「ことば」（和語）と「言語」（漢語）などである。これらの組み合わせは、「語と語の関係」では類義関係にあるといえる。

仮名表記とは限らず、和語「あたま」を「頭」と表記することからも分かるとおり、和語を漢字で表記することも多い。

そのような場合、和語と漢語を区別する手掛かりになるのが漢字の音読みと訓読みである。その語が音読みであれば漢語、訓読みであれば和語であると考えてよい。このように、漢字の読みの音・訓は、語種を見分ける手掛かりにもなるので、きちんと身につけておきたい。

また、同じ漢字でも、音読みすれば漢語、訓読みすれば和語、というふうに、二通りに読めるものもある。例えば「一日」は「いちにち」なら漢語、「ついたち」なら和語である。

*日常語と文章語

語にはそれぞれ、どのような環境・文体になじみやすいかという特性の差がある。例えば、図書館の貸し出し票などには「返却期限」という項目があり、返すことを「返却」と表現している。しかし、だからといって親しい人に本を借りたときに「明日返却するよ」と言う人はまずいない。「明日返すよ」のように「返す」を使うのが普通だろう。

このように、似たような意味の言葉（類義語）には、環境による使い分けがあることが多い。日常的な話し言葉である「**日常語**」に対して、特に書き言葉として使われることが多いものを「**文章語**」という。右の例では、「返す」が日常語、「返却（する）」が文章語となる。文章語は、日常語に対して改まった感じのする表現であり、書き言葉に限らず、改まった場面での話し言葉としても用いられる。

＊日常語と文章語

和語と漢語において、両者ともに同じような意味を表す場合、一方が日常語、もう一方が文章語に振り分けられることが多い。特に、和語のほうが日常語、漢語のほうが文章語である場合が多く見られる。

【例】 日常語（和語）—文章語（漢語）

今日《きょう》—本日《ほんじつ》

見直し—再検討

また、やや古い言い方で、日常会話では使わないが、書き言葉としては使われる、というタイプの文章語もある。

【例】

しかるに（しかし）

けだし（思うに）

いとけない（幼い）

「語彙」領域における気をつけたい言葉の例

■使い方に注意が必要な言葉

ありえない　あるはずがないという意で、その可能性がないことをいうときに使う語。「自分から人を集めておいて中止するなんて、あの人、ありえない」などのように、「信じられない」「許せない」といった意味に使われる場合が見られるが、これはまだ広く認められた用法ではない。

からむ　関係する、という意味だが、「民族問題がからむ」などのように、本来は、厄介なこと、という語感を伴う。近年、「山田さんと仕事でからむのは初めてだ」のように、人とかかわる、付き合うという場合にも用いられることがあるが、このような用法は、まだ広く認められてはいない。

けっこう　本来、プラスの評価を含むことが多いため、「ああ見えてけっこう考えている」は適切だが、「失敗してけっこう悩んだ」というのは適切とは言えない。

全然　今日では「全然面白くない」のように、打消の言い方や否定的な意味の語（「だめだ」など）を伴うことになっている。肯定とともに用いられる「全然平気」などは、まだ広く認められた用法とはいえないので注意。

手厚い　「手厚いもてなし」のように、相手に対して心がこもっていることを表すので、「警備が手厚い」などは誤用。

鳥肌が立つ　本来は寒さや恐怖を感じるさま。近年、「演奏のすばらしさに鳥肌が立った」のように感動した場合の表現としても用いられることもあるが、これはまだ広く認められた用法とはいえない。

はなむけ　別れる際の贈り物や言葉のことだが、別れるときに使うもので、ただのお祝いに使える言葉ではない。よって、「初優勝者にははなむけの言葉を贈る」などは誤用。

普通　「見た目は気持ち悪かったけれど、食べてみたら普通においしかった」などのように「普通でないことが予想されていたのに、予想に反して」というような感覚で「普通に」という言い方がされることがあるが、俗語的な感じが強く、適切な表現とはいえない。

なにげに　本来は「何気なく」という形が正しく、「なにげに」という言い方は適切とはいえない。

■意味を勘違いしやすい言葉

世間ずれ　世の中でのさまざまな経験から、生きていくうえでのずる賢さを身につけていること。解説 感覚などが世間からずれている、という意味に勘違いされる場合があるので注意。「世間ずれ」の「ずれ」は「擦れ」であり、ずれているのではない。

耳ざわり　近年、「耳ざわりの良い音楽」などという使い方が見られるが、これは誤用なので注意。「肌ざわり」などからの類推と思われるが、「肌ざわり」は「触り」であるのに対し、「耳ざわり」は「障り」であり、聞いて不快なことで、「この音楽は耳障りだからやめてくれ」などの用法が正しい。同様の「障り」には「目障り」「耳障り」と、感触を表す「肌触り」「手触り」「舌触り」をきちんと区別しなければならない。

役不足　人の力量に対して、与えられた役目のほうが劣ること。「こんな簡単な仕事では、彼には役不足ではないのか」というのが正しい使い方。

解説役に対して自分の力が足りない、と逆の意味に勘違いして、「私には役不足かもしれませんが、精いっぱい努力します」などという言い方が見られるが、これは誤用。謙遜《けんそん》するどころか、本来の意味としては「自分の能力からしたら、こんな仕事では不足だ」と主張することになってしまう。

■言い誤りを起こしやすい表現

風の便り　うわさのこと。**解説**「風のうわさ」という誤用が見られるが、「風の便り」全体で「うわさ」のことなので、これでは意味が通らない。

看破　見ぬくこと。見破ること。

解説「見過ごす」という意味の「看過」と混同しやすい。見過ごすことができない、という意味の「看過できない」を「看破できない」と誤る例が見られる。

語弊　言葉の使い方による弊害。言い方が適切でないために誤解を招くこと。

解説「語弊がある」という形で使われることが多い。「誤解を招く」と混同して「語弊を招く」という言い方が見られるが、これは誤用である。

惨憺《さんたん》たる　ひどい様子の形容。

解説「惨憺たるありさま」などと使う。これに引きずられて、「散々たる」という誤用が見られるので注意。

■陳述の副詞

あながち　下に打消の言い方を伴い、「必ずしも」に近い意味を表す。

皆目　下に打消の言い方を伴い、「全く」のような感じで打消を強調する。

例「皆目分からない」

からきし　下に打消の言い方を伴い、「まるっきり」という意味を表す。

例「理系科目はからきしできない」

さながら　下に「ようだ」「ごとし」などの比況の語を伴い、「ちょうど」「まるで」などと同様、似ていることを表す。

断じて　下に打消の言い方を伴い、「絶対に」のような感じで打消を強調する。**例**「そんな行いは断じて許さない」

どうやら　下に推量の言い方が続くが、「らしい・ようだ・そうだ」などと特になじむ。「はずだ」などとはなじまない。

とても　「非常に」という意味のほかに、打消の言い方と呼応して打消を強調する用法がある。例「私にはとても言えない」

とんと　下に打消の言い方を伴って、「さっぱり」「まるで」などのような感じで打消を強調する。例「とんと覚えていない」。特に、見たり聞いたり考えたりといった、感覚や判断に使われることが多い。

よもや　下に「まい」「ないだろう」などの打消推量の言い方を伴い、「まさか」に近い意味を表す。

■擬態語

うかうか　ぼんやりしている様子。気が緩んでいる様子。解説ぼんやりしていられない、という意味で「うかうかしていられない」などと使う。

おめおめ　①恥を受けても反抗しない様子。②恥をかいても平気な様子。例①「おめおめと引き下がるわけにはいかない」②「よくもおめおめと顔を出せるものだ」

くさくさ　気分が晴れない様子。憂鬱《ゆううつ》な様子。

くよくよ　あとあとまで気にする様子。

さばさば　さっぱりした気分。また、性格がさっぱりしている様子。

のうのう　のんきな気分でいる様子。解説「のうのうと」という形が多い。

はらはら　①心配な様子。②涙や木の葉が落ちる様子。例②「木の葉がはらはらと散る」

ほっこり　暖かい様子。

むざむざ　なすこともないまま。例「こんなところでむざむざやられるわけにはいかない」

やきもき　気をもんでいらいらする様子。解説「やきもきする」という形が多い。

■特定の使い方が多いもの

相槌《あいづち》　相手の話に合わせてうなずいたりして同意を表すこと。例「相槌を打つ」という言い方が多い。

異存　不服や反対意見。解説「異存はない」など、「ある・ない」とともに使われることが多い。

一翼　ひとつの役割、持ち場。解説「一翼を担う」という言い方が多い。

画する　区別する。解説「画期的」の「画」。他との違いが明白である、という表現として「一線を画する」という形で使われることが多い。

呵責《かしゃく》　厳しく責めること。解説「良心の呵責」という言い方が多い。

言質《げんち》　後で証拠となるような言葉。解説「言質を取る」という言い方が多い。

際限　物事の限界。解説「際限がない」「際限もなく」など、「ない」と合わせて使われることが多い。

常軌　普通に進むべき道。解説「常軌を逸する」という言い方が多い。

立つ瀬　立場。面目。解説「立つ瀬がない」という言い方が多い。

薄氷　薄く張った氷。解説危険を冒すことの表現として、「薄氷を踏む」という言い方が多い。

物議　世間での議論。解説世間での議論を引き起こす、という意味で「物議を醸す」という言い方が多い。

■まぎらわしい言葉

安泰　組織や地位を無事に維持できそうなさま。例「私の立場もしばらくは安泰だ」

平安　心身や世の中が無事で穏やかなこと。例「世の平安を祈る」

穏健　思想などが穏やかで落ち着いていること。解説 対義語は「過激」。

穏便　物事の処理の仕方が穏やかなこと。騒ぎにならないように処理すること。例「できれば穏便に済ませたい」

喚問　議会など公の場で問いただすこと。例「国会の証人喚問」

諮問　有識者に意見を求めること。例「委員会に諮問する」

詰問　問い詰めること。

推察　相手の心中を推し量ること。

推定　根拠をもとに推し量ること。

ひとごこち　生きた心地。解説 緊張から解放されて一安心することを表す言い方として、「ひとごこちがつく」という言い方がある。

ひととなり　その人の生まれつきの人柄・性質。解説「ここで新郎のひととなりを紹介いたします」

■その他、要注意語

〜あぐねる　動詞の後に付いて、うまくいかずに困ってしまう様子を表す。解説「考えあぐねる」なら、考えがまとまらずに困ること。

〜かねる　動詞の後に付いて、「〜できない」という意味を表す。例「私の口からは言いかねる」

〜がらみ　年齢や値段などに付いて、だいたいそのくらいであることを表す。例「五十がらみの男」

あまた　たくさん。

あらかた　だいたい。

あわや　今にも。あやうく。

いそしむ　励む。例「勉学にいそしむ」

いたたまれない　恥ずかしさや気の毒な気持ちのためにその場にいることが耐えがたい。

いつくしむ　大切にかわいがる。

言わずもがな　言うまでもない。言わないほうがいい。

おこがましい　さしでがましい。

おぞましい　非常にいやな様子であること。例「おぞましい事件」

音沙汰　便り。消息。

おもねる　気に入られようとする。解説 漢字では「阿る」。

面はゆい　照れくさい。例「面はゆい気持ちで授賞式に出席した」

かいがいしい　てきぱきしていること。心をこめて尽くす様子。例「かいがいしく働く」

ぎこちない　動作や言葉がなめらかでない様子。

金字塔　後世に残る優れた業績。解説 もとはピラミッドのこと。

くしくも　偶然にも。不思議にも。解説 漢字では「奇しくも」。

形而上《けいじじょう》　形のないもの。抽象的・観念的なもの。解説逆に、形があって感覚できるものは「形而下《けいじか》」。

下馬評　第三者や世間での評判。

けんもほろろ　冷たく断る様子。例「けんもほろろに断られた」

紅一点　異彩を放つもの。主に、男性の中に一人だけいる女性。

茶飯事　日常の、ありふれたこと。解説読みは「さはんじ」。

さりげない　直接には態度に出さない様子。例「気持ちをさりげなく伝える」

試金石　人物の力量を見極める基準になるような物事。

守銭奴　金を蓄えるのに執着して出費を惜しむ、けちな人。

所在ない　することがない。退屈。手持ち無沙汰《ぶさた》。

すこぶる　非常に。とても。例「すこぶる順調だ」

せせこましい　小さなことにこだわり、こせこせしている様子。

せちがらい　①暮らしにくい。②計算高い。けちだ。解説漢字では「世知辛い」。例①「せちがらい世の中」②「あいつはせちがらいやつだ」

存外　思いのほか。例「存外すんなりいった」

ぞんざい　いい加減な様子。

だしぬけ　いきなり。

鉄面皮　恥知らずで厚かましいこと。

とりもなおさず　すなわち。解説上で言ったことは、下で言うことにほかならない、という意味。例「午後の会議に欠席することは、とりもなおさず反対の意思表示をすることである」

なけなし　わずかなこと。例「なけなしの金」

なまじ　中途半端《はんぱ》な様子。そうでないほうが良いと判断されていることに付く。「なまじっか」とも。例「なまじ知っていたのがかえっていけなかった」

白眼視　人を冷たい目で見たり、冷遇したりすること。解説「白い目で見る」という言い方も。晋《しん》の阮籍《げんせき》は、嫌いな人を白い目で迎え、好きな人を青い目で迎えた、という故事による。

破天荒　今まで誰もやらなかったことを成し遂げること。

破廉恥　恥を恥とも思わないこと。

半可通　よく知りもしないのに知ったふりをする人。通人ぶること。

不承不承　いやいや。しぶしぶ。例「不承不承引き受けた」

不退転　志を強く持ち、人に負けたり、状況に押し流されたりしないこと。解説「不退転の決意」という言い方が多い。

二つ返事　快くすぐに承知すること。例「二つ返事で引き受けた」

不如意　思いどおりにならないこと。また、経済的に苦しいこと。

牧歌的　素朴で叙情的な様子。

未曽有《みぞう》　今まで一度も起こったことがないこと。例「未曽有の事態」

身につまされる　他人の不幸が、自分のことのように思える。

門外漢　専門でない人。例「経済に関しては門外漢だ」

やおら　ゆっくり。そっと。例「やお立ち上がった」

やにわに　いきなり。急に。例「やにわに飛びかかられた」

やるせない　つらい気持ちを晴らせない様子。

ゆゆしい　重大で、放っておくと大変なことになりそうなこと。解説「ゆゆしき事態」「ゆゆしい問題」などの形で使われることが多い。

老婆心　必要以上に世話を焼こうとする気持ち。解説「老婆心ながら申しておきます」というように、自身の気遣いを謙遜する場合に使う。

■漢字熟語

委託　人に頼んで自分の代わりにしてもらうこと。解説ある程度の期間、継続的に行われることを頼む場合に使われる。例「業務を民間に委託する」

一瞥《いちべつ》　ちらっと見ること。

横柄《おうへい》　人を見下した態度。

嗚咽《おえつ》　声を詰まらせて泣くこと。

改訂　本などの内容を改めること。

外遊　外国旅行。

過剰　多すぎること。行き過ぎていること。

冠水　洪水などで農作物が水をかぶること。

僥倖《ぎょうこう》　思いがけない幸運。

懸念《けねん》　気がかりなこと。

狡猾《こうかつ》　悪賢いこと。

公示　公の機関が一般に知らせること。例「参院選の公示」

固辞　固く断ること。

座視　黙って見ているだけで何もしようとしない様子。解説似た意味は、「傍観」。

暫定　何かがまだ正式に決まらない間、その代わりを務めるものとして仮に定めること。

失墜　名誉や信用を落とすこと。

失念　うっかり忘れること。たまたま思い出せないこと。

竣工《しゅんこう》　工事が終わって建物が完成すること。解説似た意味としては「落成」、対義語は「着工」「起工」。

所望　欲しいと思うこと。解説「所望する」という形で使われることが多い。

森閑　ひっそりしている様子。

絶対　他と関係なしにそれ自身で成り立つこと。解説反対に、他との比較の中で成り立つことが「相対」。

詮索《せんさく》　細かいことまであれこれ調べること。

粗略　いい加減な様子。

中傷　根拠のない悪口を言って人の名誉を傷つけること。

抽象的　概念的・一般的。解説対義語が「具体的」。

彼我　相手側とこちら側。例「彼我の戦力差」

罷免　役職をやめさせること。

風評　世間での評判。

腐心　あることを成し遂げるために心を悩ますこと。

模倣　まねすること。

遊学　故郷を離れ、別の土地に行って勉強すること。

膂力《りょりょく》　腕力。

検定問題・3級

次の文章は、若者の社会に対する意識についての調査結果を見て、大学生のAさんが書いたものです。これについて、後の質問に番号で答えてください。

図1　社会規範

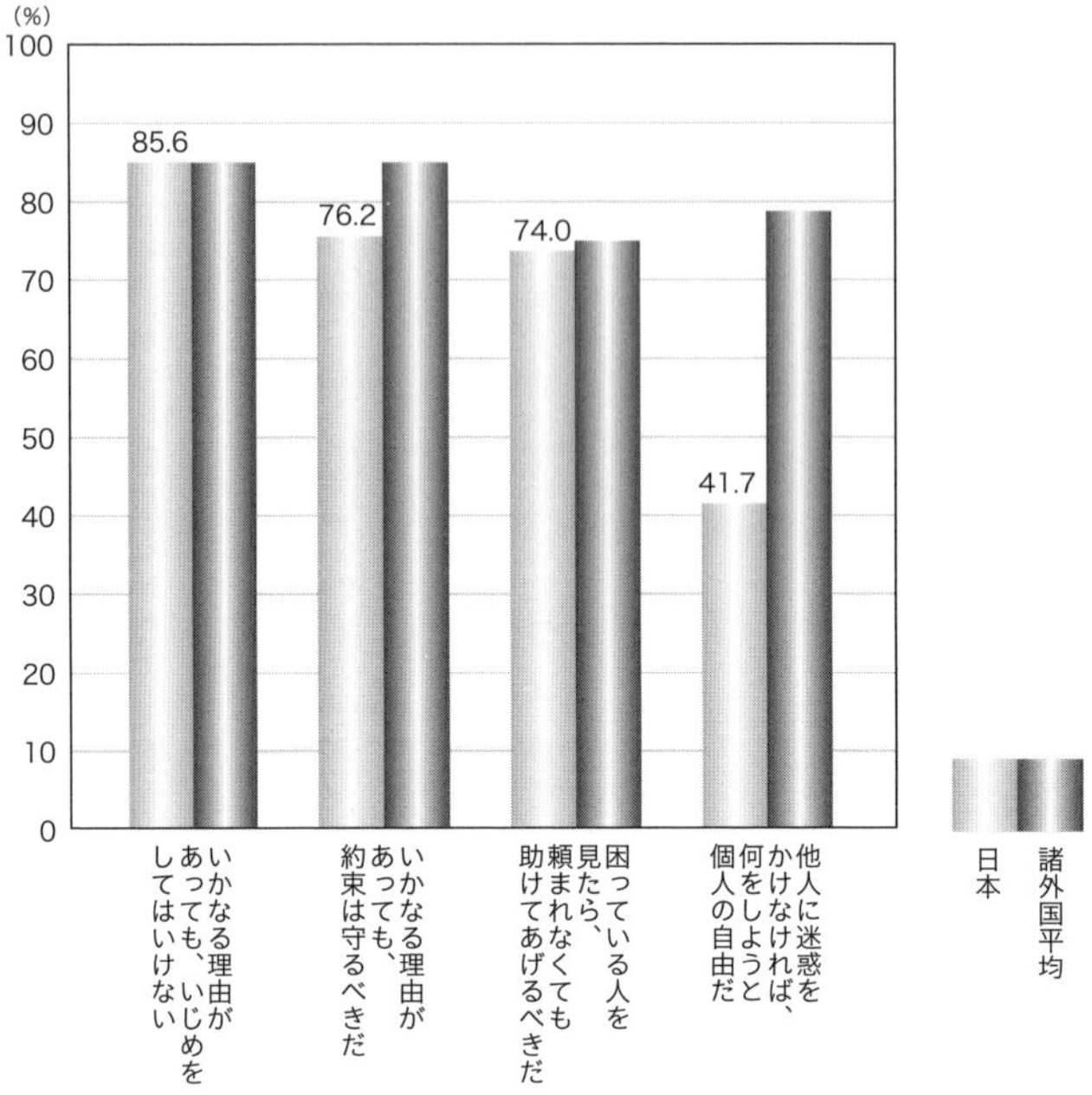

※「あなたは次のことについてどう思いますか。」との問いに対し，「そう思う」「どちらかといえばそう思う」と回答した者の合計。

図2　私の参加により，変えてほしい社会現象が少し変えられるかもしれない

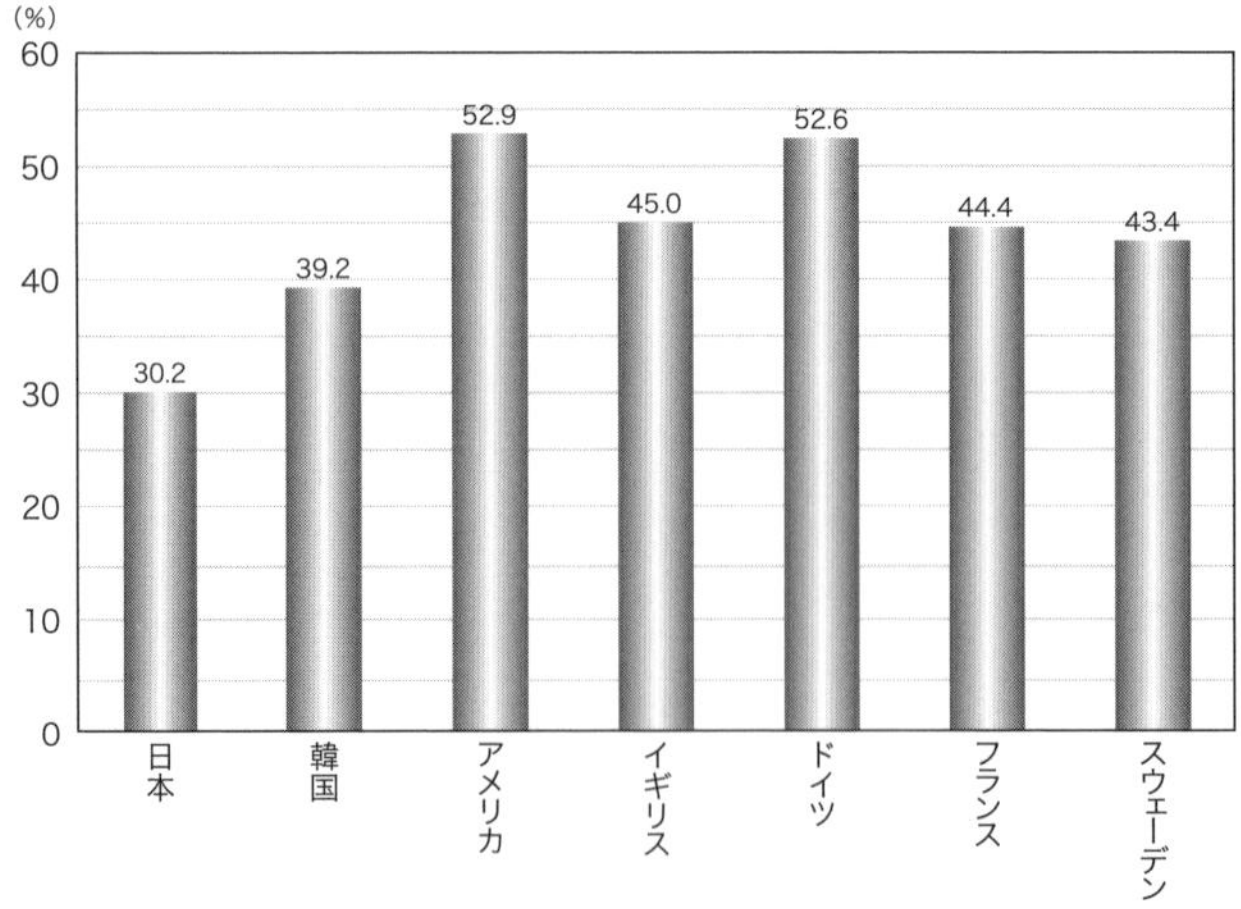

※「次のような意見について，あなたはどのように考えますか。」との問いに対し，「私の参加により，変えてほしい社会現象が少し変えられるかもしれない」に「そう思う」「どちらかといえばそう思う」と回答した者の合計。

＊資料：『平成 26 年版子ども・若者白書』（内閣府）に基づき作成

日本人は，社会秩序を重んずる国民で，決まりをよく守ると言われることがある。東日本大震災後の混乱した状況でも，スーパーの前で列をつくって順番に並ぶ日本人の姿が報道され，海外から称賛されたことがあった。実際のところ，日本人の「社会」との関わり方には，外国人と何か大きな違いがあるのだろうか。

ここに，日本と他の６か国（韓国，アメリカ，イギリス，ドイツ，フランス，スウェーデン）の満13歳から29歳までの男女約1000人を対象とした，若者の意識調査がある。

図1は，その中の「社会規範」に関わる意識についての結果である。これによると，日本でも「諸外国平均」でも，「いかなる理由があっても，いじめをしてはいけない」と考える若者の割合は（　**a**　），「いかなる理由があっても，約束は守るべきだ」や「困っている人を見たら，頼まれなくても助けてあげるべきだ」と考える若者の割合は（　**b**　）となっており，7か国の間で意識にあまり差がない。ただ，「他人に迷惑をかけなければ，何をしようと個人の自由だ」と考える若者の割合は，「諸外国平均」が8割近いのに対し，日本では（　**c**　）である。日本の若者は，外国の若者と同程度かそれ以上の規範意識を持っていると言えるようだ。

一方，自分の力で社会を変えることについては，日本の若者はどのような意識を持っているのだろうか。

図2は，同じ調査の「私の参加により，変えてほしい社会現象が少し変えられるかもしれない」という意識についての結果である。これによると，（　**ア**　）や（　**イ**　）の過半数の若者が，「自身の参加により，社会現象が少し変えられるかもしれない」と考えているのに対し，（　**ウ**　）の若者でそのように考えるのは３割ほどであり，調査対象の７か国中で最も低い。どうも日本の若者は，「自身の社会参加では，社会を変えるのは難しい」と考える人が外国の若者よりも多いようだ。言い換えれば，日本の若者は，自らの意志で社会を変えていこうという意識が外国の若者より低いとも言えよう。

既存の社会秩序を守る意識が高いことはけっこうなことかもしれないが，（　**エ**　）のは，望ましいことではない。日本の若者は社会というものを自分の力が及ばないものだと考えているようだが，誰もが社会参加に消極的な姿勢でいてはよりよい社会は作れない。

折しも日本では，選挙権をもつ年齢が20歳以上から18歳以上に引き下げられる法案が成立したところである。若者一人ひとりがよりよい社会の在り方を（　**オ**　）し，自らが積極的に社会参加していこうという意識を持つことが，今後ますます重要になってくると思う。

一　**a・b・c**に入る言い方の組み合わせとして，最も適切なものはどれでしょうか。

1　a：八割を超え　b：七割以上　c：四割強
2　a：八割に満たず　b：八割以上　c：四割強
3　a：八割を超え　b：七割以下　c：四割弱
4　a：八割に満たず　b：八割以下　c：四割弱

二　**ア・イ・ウ**に入る言葉の組み合わせとして，最も適切なものはどれでしょうか。

1　ア：フランス　イ：ドイツ　ウ：日本
2　ア：韓国　イ：イギリス　ウ：フランス
3　ア：ドイツ　イ：アメリカ　ウ：韓国
4　ア：アメリカ　イ：ドイツ　ウ：日本

三　**エ**に入る言い方として，最も適切なものはどれでしょうか。

1　誰もが社会を変えたいと思っていない
2　誰もが社会を変えることに意義を感じない
3　自分が社会参加をしようとしてもできない
4　自分の社会参加に意義を見いだすことができない

四　**オ**に入る言葉として，最も適切なものはどれでしょうか。

1　探索　2　捜索　3　模索　4　詮索

解答 一…1　二…4　三…4　四…3

解説 一　図1を見ると、「いかなる理由があっても、いじめをしてはいけない」と考える若者の割合は、日本でも「諸外国平均」でも、八五パーセント前後であるので、aは「八割を超え」である。また、「いかなる理由があっても、約束は守るべきだ」や「困っている人を見たら、頼まれなくても助けてあげるべきだ」と考える若者の割合は、日本でも「諸外国平均」でも、七〇パーセントを超えているので、bは「七割以上」である。さらに、「他人に迷惑をかけなければ、何をしようと個人の自由だ」と考える若者の割合は、日本では四一・七パーセントである。「強」と「弱」は、数量を表す語に付いて近似値を表す。「強」は、その数に切り捨てた端数《はすう》があることを示し、「弱」は、端数を切り上げてその数になることを表すので、cは「四割強」である。したがって、1が適切。

二　図2を見ると、五割を超える若者が「私の参加により、変えてほしい社会現象が少し変えられるかもしれない」と考えている国は、五二・九パーセントの「アメリカ」と五二・六パーセントの「ドイツ」である。また、そのように考える若者が三割ほどしかいない国は、三〇・二パーセントの「日本」である。したがって、4が適切。

三　ここでは、直前の「既存の社会秩序を守る意識が高い」という日本の若者の望ましい点と対比し、日本の若者の望ましくない点を端的に表そうとしていると考えられる。図2から、日本の若者は「自身の社会参加では、社会を変えるのは難しい」と考える人の割合が多いという考察が導き出されていて、日本の若者は「自分が社会参加しても意味がない」と考える人の割合が多いことがうかがえる。したがって、4「自分の社会参加に意義を見いだすことができない」が適切。1・2は、図2から、日本の若者の三割ほどは「私の参加により、変えてほしい社会現象が少し変えられるかもしれない」と考えていることが分かるので、「誰もが」と一般化して述べている点が不適切。３は、「社会参加をしようとしてもできない」が、社会参加自体を不可能だと言っているわけではないので、不適切。

四　３「模索」は、実体を視覚的にとらえられないものを手さぐりで探し求めること。若者一人ひとりがよりよい社会の在り方を試行錯誤しながら探すことが重要だ、ということを言おうとしているので、これが適切。１「探索」は、手を尽くして、人の居場所・物のありかなどを捜すこと。２「捜索」は、行方の分からない人や物を組織的に探し求めること。４「詮索」は、どうでもいいことにこだわって、細かい点まで調べ求めること。１・２・４は、文脈に合わず不適切。

●言葉の意味

「言葉の意味」とは

前章「語彙」でも述べたとおり、「語彙」と「言葉の意味」は密接な関係にある。「語彙」が語彙の豊富さ、という「量」を問う領域であるのに対し、「言葉の意味」は、その正しい意味、正確な使用という、いわば「質」を問う領域である。また、慣用句などを例にとれば、「語彙」では、その慣用句を成立させる語の構成という、いわば「形」を、「言葉の意味」ではその慣用句の正しい意味など、いわば「内容」を問うことになる。このように、「語彙」と「言葉の意味」は、表裏一体の関係にあるので、言葉の意味を正しく理解したうえで、自身の知っている言葉を増やすというのは、すなわち語彙力の増強にもなる。

本章では、似た言葉が複数ある場合の意味の区別や、一つの言葉の意味を詳しく見分ける視点など、言葉に関して、意味に焦点を当てて注意点を述べる。もちろん、「語彙」同様、注意点を把握したうえで、何より大切なのは、その先の、実際の経験の積み重ねである。

本文の後、109ページからは、ことわざ・慣用句、四字熟語、故事成語を中心とした一覧を掲げる。それ以外の言葉については、前章「語彙」の一覧が、「言葉の意味」という観点からも利用できるので、併用してほしい。知らない言葉の意味を新たに知っていくのはもちろんだが、知っている言葉についても、実は意味を勘違いしていたり、気づかないうちに誤用が身についてしまっていたりしていることもありうるので、その点からも注意が必要である。

一覧には、簡単な用例や注意点などに加え、誤用例や勘違いされやすい間違った意味も記してあるので、参考にしてほしい。

似た言葉の区別

類義語の区別

前章の「語と語の関係」において、類義関係というものを紹介した。類義関係にある類義語に関しては、それらが類義関係にある、つまり意味が「似ている」ことを理解することがまず重要だが、似ていることを前提としたうえで、どこが違うのか、という「違い」も意識して、正しく使い分けなければならないものも多い。

「集約」*と「統括」を例に考えてみよう。この二つは、おおまかな意味をとらえるならば「まとめること」であり、その点で類義関係にあるといえる。そして、この二つの類義語は、そのような大きな共通性を持ったうえで、細部では意味の違いを持っている。そしてその違いが、実際の使われ方の違いとなってあらわれる。

例えば、意見をまとめることを表す場合には「意見を集約する」とは言えるが、「意見を統括する」などは不自然である。逆に、組織をまとめる場合には「組織を統括する」とは言えるが、「組織を集約する」は不自然である。これは、「集約」と「統括」との間に、意味の違いが存在するからである。「まとめる」ということのうち、「集約」は「主に発言や意見などをまとめること」、「統括」は「事務や組織を一つにまとめること」をそれぞれ表し分けている。

＊「集約」と「統括」
前章で扱った「語と語の関係」を考えると、「集約」と「統括」は類義関係にあると同時に、二つとも、おおまかな意味としてはまとめることを表しており、実際「意見をまとめる」とも「組織をまとめる」とも言うことができる。ということは、「集約する」「統括する」は、ともに「まとめる」を上位語とする上下関係にあると見ることもできる。

このように、類義語間の意味の共通性を取り出すと上位語となり、類義語はその上位語に対する下位語の集合としてとらえ直される、という関係もよく見られる。

このように、類義語に関しては、どの点で細かい意味が異なり、それぞれがどのように使い分けられるのかをきちんと把握しておかなければならない。

また、このような違いは、辞書の抽象的な意味記述では分からないようなものもあるので、ふだんから本や新聞に接して、実際の用法に触れながら身につけていくことが大切である。前章「語彙」の「まぎらわしい言葉」（93ページ）なども参考にしてほしい。

【類義語の用例】

〈均整・均衡〉 例 均整のとれた体格。
この一点で試合の均衡が破られた。

〈充実・充足〉 例 設備が充実している。
欠員を充足する。

〈証明・検証〉 例 身分を証明する書類。
事件現場の検証。

〈適応・適合〉 例 環境に適応する。
採用条件に適合する。

〈検出・抽出〉 例 有害物質が検出された。
エキスを抽出する。

〈苦情・苦言〉 例 苦情の電話を入れる。
横綱の態度に苦言を呈する。

形の上での類似性を持つ言葉の区別

以上は、意味の上での類似性を持った言葉の区別だが、以下では、形の上で似ている（あるいは同じ）言葉の区別について説明する。

表記上の類似性

意味とは別に、形の上で似ている語がある。一つは、漢字などで書いた時の形が似ている、というもので、「持つ（もつ）」と「待つ（まつ）」、「解説（かいせつ）」と「解脱（げだつ）」などである。これは、少し気をつければすぐに気づくはずなので、見間違えないように気をつければよい。

もう一つは、主に漢字熟語などにおいて、同じ漢字が用いられているもの、例えば「代行」と「代置」などである。「代行」は人に代わってその役割をすること、「代置」は、あるものの代わりとして置くこと、というように両者はもちろん意味が異なる。ただ一方では、このように共通の漢字を含む熟語どうしには、意味的な共通性も認められる。漢字自身が特定の意味を持っている以上、同じ漢字が使われているのであれば、そのぶん同じ意味を含んでいることが一般的であり、「代行」「代置」は「代」という漢字をともに含むことから、ともに「代わりに」という意味を含んでいる。このように、同じ漢字を含む熟語は、意味的にも共通性を持っていることが多いので、同じ漢字を含む熟語を集めて、意味の違いとともに共通性を考えてみることは、言葉の意味に関する感覚を磨くことに役立つはずである。

音の上での共通性――同音異義語

漢字熟語においては、読み方、すなわち音という「形」が共通のものがある。例えば、「意外」と「以外」などである。このように、漢字の読みが同じでも意味が異なるものを「**同音異義語**」という。同音異義語に関する間違いで、最も起こりやすいのは漢字の書き誤りである。*この点からは、同音異義語は「漢字」の問題ともいえるので、「言葉の意味」としてだけでなく、正しい漢字の書き方としても注意しておく必要がある。

また、近年では、手書きとは別にパソコンなどの電子機器を用いて文書を作成する機会も多く、その際に、同音異義語は変換ミスをしたまま見落としてしまう、ということも多いので、そのような場面でも注意が必要である。

言葉の多義性

言葉の意味は、詳しく見ると、その意味を何種類かに分けることができる場合がある。例えば、「聞く」という動詞は、「物音を聞く」という場合には「耳で知覚すること」、「道を聞く」という場合には「尋ねること」、「知らせを聞く」という場合には「人から情報を得ること」というように、いくつかの意味に詳しく分けることができる。

このように、一つの言葉が、いくつかに分けられる意味を持っていることを「**多義性**」という。特に、日常的によく使う言葉は、たいてい多義性を持っていると考えてよい。

また、言葉の意味は、その違いに応じて、より詳しい意味を表す言葉に言い換えられる場合もある。

＊「じゅしょう」のいろいろ

同音異義語には、さまざまなものがあり、注意が必要であるが、なかでも「じゅしょう」は「受賞」「授賞」「受章」「授章」とまぎらわしい。まず「受・授」については、「受」は受ける側、「授」は授ける側なので、もらうときの「じゅしょう」は「受」、「じゅしょう式」のように与える側に視点があるときは「授」と使い分ける。また、「賞・章」については、「賞」は一般的な賞で、「章」は勲章の場合である。

次の例の「話す」[*]について見てみよう。

①企画の概要を話す。

②明日は休ませてくださいと話す。

③午後の会議は中止になったと話す。

これらの例における「話す」は、①では「説明する」、②では「願い出る」、③では「報告する」などに言い換えることができる。

基本的な語のさまざまな用法について、他のどのような語で言い換えられるかを考えてみることは、言葉の多義性に関する感覚を磨くうえで非常に有効であるので、日頃からこのようなことを考える習慣をつけておこう。

例題 次の一〜三の「思う」の意味に最も近いものを、①〜③の中からそれぞれ選んでください。

一 その本を読んで、僕は医者になろうと思った。

二 行方不明の息子のことを思い、夜も眠れぬ日々が続いた。

三 新しい学校は思ったよりも小さかった。

①心配する　②決心する　③想像する

解答 一…②　二…①　三…③

＊「話す」の多義性と、語と語の関係

前章で扱った「語と語の関係」では、「話す」を上位語とし、「説明する」「報告する」「願い出る」がその下位語に当たる、という上下関係としてとらえることもできる。このように、基本的な語を上位語とし、その意味を表し分ける語がいくつか下位語として存在する、という語彙体系をなしている場合も多い。

ことわざ・慣用句・故事成語

慣用句は、前章でも述べたとおり、複数の語が固定的に結び付いて一定の意味を表すものである。ことわざは、昔から世間に言い習わされてきた言葉で、教訓や風刺を含んだものであるが、こちらも複数の語の特定の結び付きによって意味を表すので、その点では、慣用句と同様、形の上ではその特定の結び付きをきちんと把握しておく必要がある。

この、言葉の結び付き、といった「形」の問題は、「語彙」領域の問題だが、「言葉の意味」の領域では、これらの意味を正確に知っているかが重要な問題となる。ことわざや慣用句については、意味が誤解されやすいものも多いので、知らない言葉を覚えて知識を増やすことはもちろんであるが、知っている言葉でも、間違った意味で使っていないかに気をつける必要がある。

故事成語は、主に中国の故事をもとにした語句であり、「矛盾」のように単語のようなものから、「逆鱗《げきりん》に触れる」のようにことわざ・慣用句的なもの、さらには四字熟語になっているものなど、さまざまな形がある。これらについては、正確な意味や、語の組み合わせを知っておくことに加え、どのような故事に由来するのかについても、知識として知っておきたい。

＊ことわざと慣用句

ことわざと慣用句の違いについて、意味の面では、ことわざは教訓的な色合いを含むこと、形の面では、慣用句は「肩を落とす」のように文の部分という感じがするのに対し、ことわざはそれ自身が完全な文であるものが多いことが挙げられる。

ただし、これらはあくまで傾向にすぎず、実際、ことわざというべきか慣用句というべきか、きれいに二分できないものもあるので、すべての表現について、ことわざなのか慣用句なのかを明確に区分できなければならないというわけではない。

※それぞれの読み方・意味は、標準的なものを記してあります。

ことわざ・慣用句の例

■体の部分についての表現

足が付く　逃げた足取りが分かること。また、犯行がばれること。

足が出る　予算を超えてしまい、お金が足りなくなる。

足が早い　食べ物が腐りやすい。商品の売れ行きがよい。

足下を見る　相手の弱みにつけ込む。

足をすくう　隙《すき》を狙《ねら》い失敗させる。

解説 隙を突かれて失敗することは「**足をすくわれる**」。近年、「足もとをすくわれる」という言い方も見られるが、本来は「足をすくわれる」である。

足を伸ばす　予定より遠くへ行く。

頭の上の蠅《はえ》も追えぬ　自分一人の始末さえ満足にできない。

あばたもえくぼ　惚《ほ》れてしまうと欠点も美点に見える。

奥歯に物が挟まったよう　言いたいことをはっきり言わない様子。

肩を並べる　実力や地位が対等である。

解説「比肩《ひけん》する」という言い方も。

口が軽い　秘密などをついしゃべってしまう。解説 反対は「**口が堅い**」。「**口が重い**」は口数が少ないこと。

口を切る　最初に発言する。

口を割る　白状する。

嘴《くちばし》を容《い》れる　横から口出しすること。

解説「容喙《ようかい》する」という言い方も。

首が飛ぶ　免職される。解雇される。

腰が低い　謙虚である。類例「**頭が低い**」

舌の根も乾かぬうち　言い終えてすぐに。解説 前言の直後にそれと矛盾する発言をしたことを非難する場合などに用いられる。

痺《しび》れを切らす　待ちくたびれて我慢できない様子。

尻に敷く　妻が夫を従わせ、自由に振る舞う。

手があく　仕事が早く片付いて時間があく。

手につかない　何かが気になって、するべきことに集中できない。

手を打つ　前もって対策を立てておく。交渉などで、合意する。

手を切る　関係を断つ。

手を拱《こまぬ(こまね)》く　何もしないでただ傍観する。

手を尽くす　できる限りのことをすべてする。

手を広げる　仕事などの範囲を広げる。

手を回す　必要な手はずを整える。

解説 主にあまりよくない意味で、ひそかに手はずを整える場合に用いられる。

睨《にら》みを利《き》かせる　人を威圧して反抗させないようにする。

歯に衣《きぬ》着せぬ　思ったことを遠慮せず言う態度。

鼻っ柱が強い　向こう気が強く、強情で譲らない。

鼻であしらう　相手を侮って、いいかげんに扱う。

鼻持ちならない　態度が嫌な感じで我

慢できない。

鼻を突き合わせる　近く寄り合う。近くで向かい合う。

腹を割る　本心を隠さず打ち明ける。類例「**胸襟《きょうきん》を開く**」

臍《ほぞ》を噛《か》む　後悔する。今さらどうしようもないことを悔やむ。

骨を惜しむ　労苦を嫌って怠ける。楽をしようとする。

眉唾《まゆつば》もの　あやしいもの。

耳を疑う　思いがけないことを聞き、にわかには信じられない。解説思いがけないことを見て信じられない場合をいう表現に「**目を疑う**」がある。

耳を傾ける　注意して聞く。解説「傾聴する」という言い方もある。

耳を揃《そろ》える　金額を不足なく整える。

胸を借りる　力のまさった相手に、積極的に戦いをいどむ。解説格上の相手に敬意を払って使う場合が多い。例「胸を借りるつもりで精一杯がんばります」

目を三角にする　目を吊《つ》り上げて怒る。

■動物を使った表現

犬も食わない　誰もとりあわない。例「夫婦喧嘩《げんか》は犬も食わない」

鰯《いわし》の頭も信心から　信心すればつまらないものでもありがたく見える。

鵜《う》のまねをする烏《からす》　烏が鵜のまねをして水に入るとおぼれることから、自分の能力を考えずに人のまねをして失敗すること。

鵜の目鷹《たか》の目　何かを探し出そうとして注意深く見回す様子。

魚心あれば水心　相手が好意を示すならば、こちらも好意を示そうということ。

魚の目に水見えず　身近すぎるものにはかえって気がつかないこと。また、慣れ親しんだものに対しては正しい判断ができないこと。

牛の歩み　進み具合が遅いこと。

牛を馬に乗りかえる　足の遅い牛を捨て、馬に乗りかえることから、様子を見て、有利なほうにつくこと。

鰻《うなぎ》の寝床　間口が狭く、奥行きがある家。

生き馬の目を抜く　他人を出し抜いて素早く利益を得るさま。解説「**生き馬の目をくじる**」とも。類例「**生き牛の目をくじる**」

馬脚を現す　隠していたことが表に出る。類例「**化けの皮がはがれる**」

蛙《かえる》の子は蛙　凡人の子は凡人である。解説逆に、凡人から優れた子が生まれる場合を「**鳶《とび》が鷹を生む**」という。

脱兎《だっと》の勢い　「脱兎」は逃げる兎《うさぎ》で、極めて素早い様子。

獅子《しし》身中の虫　組織の中にいながら、その組織に害をなす者。

蛇《じゃ》の道は蛇《へび》　同類のすることはその道の者にはすぐ分かる。解説似た意味に「**餅《もち》は餅屋**」があるが、「餅は餅屋」と比べると「蛇の道は蛇」は好ましくないことに使われることが多い。

雀《すずめ》百まで踊り忘れず　幼いときに身につけた習慣は年をとっても変わらない。類例「**三つ子の魂百まで**」

窮鼠《きゅうそ》猫を噛《か》む　追いつめられ必死になれば、弱者が強者に反撃することもある。

前門の虎、後門の狼《おおかみ》　一つの災難を逃れたと思ったら、すぐまた他の災難にあうこと。解説「**前門に虎をふせぎ後門に狼を進む**」とも。似た表現に「**一難去ってまた一難**」がある。「進むことも退くこともできず、身動きが取れない状態」という意味ではないので注意。

泣き面に蜂　悪いことのうえに、さらに悪いことが重なること。類例「**弱り目に祟《たた》り目**」

蓼《たで》食う虫も好き好き　人の好みはさまざまである。

苦虫を噛《か》みつぶす　ひどく不愉快な様子のたとえ。

猫に小判　ものの価値が分からない人に貴重なものを与えても無駄なこと。類例「**豚に真珠**」「**犬に論語**」「**兎に祭文**」

同じ穴の狢《むじな》　同類。

まないたの鯉《こい》　されるがままになるほかないこと。

■数を使った表現

二足の草鞋《わらじ》を履く　両立しがたい二種類の仕事を一人で兼ねること。

二兎《にと》を追う者は一兎をも得ず　一度に二つを得ようとすると、結局一つも得られない。類例「**虻蜂《あぶはち》取らず**」。逆に、一度に二つの利益を得ることを「**一石二鳥**」、「**一挙両得**」などという。

二の足を踏む　一歩目は進むが、二歩目はためらうことから、決心がつかず、しりごみすること。

人を呪わば穴二つ　人を呪い殺そうとすると、自分も報いを受けて死ぬので墓穴が二つ必要になる、ということから、人を呪えば、自分もその報いを受けること。

四つに組む　全力で堂々と正面から戦う。

無くて七癖、あって四十八癖　人はみんな多少の癖を持っているものだ。解説略して「**無くて七癖**」とも。

八方塞《ふさ》がり　有効な手段がなく何もできない状態。

八方破れ　隙だらけな様子。

十指に余る　両手では数え切れないほど、かなりの数になる。

人の噂《うわさ》も七十五日　世間の噂は、たとえ騒ぎになってもじきに忘れられてしまうこと。

■その他の主なことわざ

悪事千里を走る　悪い行いや評判は、すぐに世間に知れ渡る。解説「**悪事千里**」という四字熟語も。

悪銭身につかず　不当に得たお金は、浪費してすぐになくなってしまう。

嘘《うそ》も方便　物事を円満に運ぶためには嘘も必要なことがある。

馬には乗ってみよ人には添うてみよ　物事は経験してみなければ分からない。

江戸の敵《かたき》を長崎で討つ　意外なところで仕返しをする。また、筋違いな仕返しをする。

負うた子に教えられて浅瀬を渡る　時には自分より愚かな者や未熟な者に教えられることもある。解説「**負うた子に教えられる**」、「**三つ子に習って浅瀬を渡る**」とも。

小田原評定　小田原城が攻められたとき、和戦の評定が長引いたことから、いつまでもまとまらない会議や相談。

溺《おぼ》れる者は藁《わら》をもつかむ　追いつめられたときにはどんなことにも頼ろうとする。解説このような発想から、あまりあてにならないことは分かっていながら、頼るしかない、という思いを「**藁にもすがる思い**」という。

火中の栗《くり》を拾う　他人の利益のために危険を冒すこと。解説他人のための行動であり、ただ危険を冒すこと全般をいうのではないので注意。

枯れ木も山のにぎわい　つまらないものでも、ないよりはましなこと。解説枯れ木でも、ないよりはあったほうが山がにぎやかになる、ということから。自分を謙遜《けんそん》して言う言い方。そのため、相手を誘う場合に使うのは失礼にあたるので注意。例「私など何の役にも立ちませんが、枯れ木も山のにぎわいでやってまいりました」

好事魔多し　よいことには邪魔が入りやすい。解説同様の表現に「**月に叢雲《むらくも》花に風**」がある。

紺屋《こうや》の白袴《しろばかま》　紺屋が、自分の袴は染めないでいることから、専門としている者が、自分のことはおろそかにしていること。類例「**医者の不養生**」「**髪結い髪結わず**」

子は鎹《かすがい》　子どもがいることで夫婦の縁がつなぎとめられること。

上手の手から水が漏る　上手な人でも時には失敗することがある。類例「**弘法にも筆の誤り**」「**河童《かっぱ》の川流れ**」など。

人間到《いた》る処《ところ》に青山《せいざん》あり　「青山」は墓地のこと。どこで死のうと墓にする場所くらいはあるのだから、故郷を出て大いに活躍すべきだ。解説「人間」は「じんかん」とも読み、人の住む世界のこと。

船頭多くして船山に登る　指図をする人が多いため、かえって物事がまとまらず、見当違いの方向に進むこと。

袖《そで》振り合うも他生（多生）の縁　道行く知らない人と袖が触れる程度のかかわりを持つのも、すべて前世からの因縁によるのだ。解説「たしょう」を「多少」などと誤解しないように注意。

対岸の火事　他人にとっては一大事でも、自分には関係のないこと。

大山鳴動して鼠《ねずみ》一匹　前触れの騒ぎが大きいわりに、実際の結果が小さいこと。解説「**大山鳴動**」という四字熟語も。

立て板に水　すらすらと話すこと。

豆腐に鎹《かすがい》　いくら意見を言っても、少しも効き目がないこと。類例「**糠《ぬか》に釘《くぎ》**」

泥棒に追い銭　泥棒に物を取られたうえに金を与えてやるように、損のうえに損を重ねる行為。解説「**盗人《ぬすっと》に追い**

銭」とも。

泥棒を捕らえて縄をなう　日頃何もせず、何かが起きてからあわてて対策を練ること。解説「泥縄」と略されることもある。「**盗人を見て縄をなう**」とも。

無い袖は振れぬ　持っていないものは出しようがない。

情けは人の為《ため》ならず　人に親切にしておけば、それがめぐって自分によい報いが返る。解説「情けをかけても人のためにならない」という意味に誤解されることが多いので注意。人に情けをかければ、それが自分に返ってくるのだから、「人のため」ではなく、結果的に「自分のため」になるのだ、というのが本来の意味である。

庇《ひさし》を貸して母屋《おもや》を取られる　自分の持ち物の一部を貸したため、やがて全部取られてしまう。また、恩を仇《あだ》で返されること。解説「**軒を貸して母屋を取られる**」とも。

人の褌《ふんどし》で相撲をとる　他人のものを利用して自分の利益になることをする。

瓢箪《ひょうたん》から駒が出る　意外なところから意外なものが出てくること。特に、冗談が思いがけず事実となってしまうこと。解説冗談が本当になってしまう、という点で、似た表現に「**嘘から出たまこと**」がある。

待てば海路の日和あり　待っていれば、いつかは航海に適した天候の日が来るように、じっと待っていれば、いつか幸運が訪れる。

焼けぼっくいに火がつく　一度縁が切れた男女関係がまた元に戻ること。解説「ぼっくい」は「木杭」で、燃えかけの杭は一度火が消えても、火がつきやすいことから。「焼けぼっくり」などと言わないように注意。似た表現に、「**元の鞘《さや》に収まる**」「**よりを戻す**」がある。

柳に雪折れなし　柳は柔らかいため雪が積もっても折れないことから、やわらかなもののほうが固いものよりもかえって耐性があること。

類は友を呼ぶ　性質の似かよった者は、自然に集まり合う。

論語読みの論語知らず　書物の内容を知っているだけで実生活に生かせないこと。

■その他の主な慣用句

怒り心頭に発する　心の底から怒る。解説「心頭に達する」は誤り。

雨後の筍《たけのこ》　似たようなものが次々と出てくること。解説「雨後の筍のように」という使われ方が多い。

独活《うど》の大木　体が大きいだけで役に立たない人のこと。

雲泥《うんでい》の差　大きくかけ離れていること。類例「**月とすっぽん**」

大風呂敷《おおぶろしき》を広げる　実現できそうもないことを考えたり言ったりする。

お株を奪う　相手が得意とすることを、相手以上にうまくやる。

御の字　結構なこと。満足。解説「〜なら御の字」という言い方が多い。

鎌をかける　相手から情報を引き出す

ため、それとなく誘導する。

蚊帳《かや》の外　部外者の立場に置かれ、内情を知らされない。

気が置けない　気を使う必要がなく、気楽につき合える。解説「油断できない」などという意味で使うのは誤りなので注意。「気が置ける」で「打ち解けられない」「遠慮してしまう」という意味なので、それを打ち消した「気が置けない」は遠慮がいらない、という意味になる。

木で鼻をくくる　ひどく無愛想にあしらうこと。

木に竹を接《つ》ぐ　ちぐはぐなこと。つじつまが合わないこと。類例「**矛盾**」

気脈を通ずる　ひそかに連絡を取り合って、気持ちを通わせる。

怪我《けが》の功名　失敗かと思ったことが、偶然良い結果を招くこと。

糊口《ここう》をしのぐ　粥《かゆ》をする、という意味から、なんとか生計を立てること。

匙《さじ》を投げる　見捨てる。諦める。

敷居が高い　自分の側に不義理・不面目などがあり、相手の家に行きにくい。解説近年、「あの店には一度行ってみたいけれど、予算が一万円では、自分には敷居が高い」というように、店などが高級で自分には入りにくい、という表現に使われる場合があるが、これは本来の用法ではないので注意。

相好《そうごう》を崩す　喜びが込み上げて、思わずほほえむ。

たたらを踏む　勢いあまって数歩余計に歩く。

楯《たて》（盾）を突く　反抗する。解説「つく」の漢字は「突く」。「楯（盾）突く」とも言う。

他人の飯を食う　他人の家で奉公し、実社会の経験を積む。解説「人の褌で相撲を取る」などと混同しないように。

堂に入る　良く慣れて身についている。

箔《はく》が付く　外見上の価値が上がる。

贔屓《ひいき》の引き倒し　贔屓しすぎて、かえってその人に迷惑をかけること。

引きも切らず　絶え間なく。解説同様の表現に「**ひっきりなしに**」がある。

人を食う　人をみくびる。

的を射る　肝心な点をしっかりとらえる。解説「的を射た発言」のように、「射た」という形で使われることが多い。近年、「的を得る」という言い方も見られるが、本来は「射る」である。

真綿で首を締める　遠まわしにじわじわと苦しめる。

昔取った杵柄《きねづか》　昔鍛えた得意の腕前。

虫酸《むしず》（虫唾）が走る　吐き気がするほど不快な気持ち。解説「虫酸（虫唾）」は胃から逆流する酸っぱい胃液。

益体《やくたい》もない　くだらない。何の役にも立たない。

割を食う　損をする。

四字熟語の例

阿鼻叫喚（あびきょうかん）　むごたらしく悲惨な様子。

暗中模（摸）索（あんちゅうもさく）

手掛かりのない状態でいろいろ試みる。

意気軒昂（いきけんこう）　意気込みが盛んな様子。

意気投合（いきとうごう）　互いの気持ちや考えが一致すること。

意気揚揚（いきようよう）　得意げで威勢のよい様子。

異口同音（いくどうおん）　多くの人が、同じことを言うこと。

以心伝心（いしんでんしん）　言葉や文字によらず、心を以《もっ》て心に伝えること。

一期一会（いちごいちえ）　一生に一度会うこと。また、一生に一度限りであること。茶会の心得をいう言葉。

一日千秋（いちじつせんしゅう）　一日が千年のように長く感じられるほど、待ち遠しいこと。

一攫千金（いっかくせんきん）　労せずに一度に大金を手に入れること。

一騎当千（いっきとうせん）　非常に勇ましく強い者のたとえ。人並み外れた才能や技術の持ち主。

一刻千金（いっこくせんきん）　時間が過ぎ去るのを惜しむ言い方。**解説**「一攫千金」と区別。

一触即発（いっしょくそくはつ）　わずかなきっかけで大変な事態に発展しそうな危機的状況。

一進一退（いっしんいったい）　物事が進んだり退いたりすること。また、病状などが良くなったり悪くなったりすること。

一長一短（いっちょういったん）　人や物事について、いい面もあり悪い面もあること。

一刀両断（いっとうりょうだん）　物事をためらわずにきっぱり決断、または処理することのたとえ。

因果応報（いんがおうほう）　過去の行いに応じた報いがあること。

慇懃無礼（いんぎんぶれい）　うわべだけ丁寧で内心では相手を見下していること。

有為転変（ういてんぺん）　万物が変化し続けていること。

有象無象（うぞうむぞう）　この世の有形無形の全てのもの。また、多く集まっているだけで、取るに足りない人々。

海千山千（うみせんやません）　世の中でいろいろな経験を積み、老獪《ろうかい》であること。また、そのような人。

紆余曲折（うよきょくせつ）　込み入った事情で、いろいろに変わること。

雲散霧消（うんさんむしょう）　雲や霧のように、跡形もなく消えてしまうこと。**解説**「雨散霧消」もよく見られるが、正しくは「雲散」であり、「雨散」は誤り。

栄枯盛衰（えいこせいすい）　栄えたり、衰えたりすること。

岡（傍）目八目（おかめはちもく）　第三者には、当事者よりも物事がよく判断できること。

快刀乱麻（かいとうらんま）　よく切れる刀で絡《から》まった麻を切る、ということから、混乱した問題を手際《てぎわ》よく鮮やかに処理・解決すること。**解説**「**快刀**

乱麻を断つ」とも。
佳人薄命（かじんはくめい）　美人は短命であったり、不遇なことが多い。
花鳥風月（かちょうふうげつ）　自然界の美しい風景・風物。
我田引水（がでんいんすい）　自分の都合のいいように言ったり、物事を進めたりすること。
勧善懲悪（かんぜんちょうあく）　善行を勧め、悪を懲らしめること。
艱難辛苦（かんなんしんく）　さまざまな困難に直面し苦しむこと。
危機一髪（ききいっぱつ）　髪一本ほどの差のところまで危険が迫っている状態。解説「一発」ではない。
起死回生（きしかいせい）　危機的な状況から立ち直ること。
起承転結（きしょうてんけつ）　漢詩の組み立ての型。転じて、物事や文章などの構成・順序。
疑心暗鬼（ぎしんあんき）　ありもしないことを次々に想像してむやみに恐れたり、疑ったりすること。解説「**疑心暗鬼を生ず**」とも。
旧態依然（きゅうたいいぜん）　昔のままで進歩が見られない状態。解説「以前」などと書かないように。
驚天動地（きょうてんどうち）　世間を非常に驚かせること。
玉石混交（淆）（ぎょくせきこんこう）　優れたものとつまらないものとが、入り混じっていること。
金科玉条（きんかぎょくじょう）　ぜひとも守らなければならない、最も大切なきまり。
空前絶後（くうぜんぜつご）　前例もなく、これからもあり得ないような珍しいこと。
厚顔無恥（こうがんむち）　厚かましくて恥知らずなこと。
虎視眈眈（こしたんたん）　虎のような鋭い目で、機会を狙っている様子。
五臓六腑（ごぞうろっぷ）　内臓。からだ全体。心の中。解説五臓は、肺・心・脾《ひ》・肝・腎。六腑は、大腸・小腸・胆・胃・三焦・膀胱《ぼうこう》。
五里霧中（ごりむちゅう）　物事の事情が全く分からないために、その先の判断がつかないこと。解説「夢中」という書き間違いが多いので注意。
言語道断（ごんごどうだん）　言葉も出ないほどひどいこと。
才色兼備（さいしょくけんび）　才能も容貌もすぐれた女性のこと。
三寒四温（さんかんしおん）　寒い日とあたたかい日が交互に訪れ、次第に春めいてくること。
四角四面（しかくしめん）　まじめすぎておもしろみがない様子。また、型にはまった考え方しかできなくて融通が利《き》かない様子。
自画自賛（じがじさん）　自分で描いた絵に自分で賛（絵に書きいれる短い文章）を書くことが元の意味で、そこから、自分のした行為を、自分で褒めること。
四苦八苦（しくはっく）　あらゆる苦しみ。また、非常な困難に直面して解決に苦労すること。

自業自得（じごうじとく）　自分のした善事悪事の報いを、自分の身で受けること。一般には悪事の報いを受けることをいう。

自縄自縛（じじょうじばく）　自分の言動のせいで自分自身の身動きが取れなくなること。

時代錯誤（じだいさくご）　時代認識の遅れ。時代の傾向に合わないこと。アナクロニズム。

質実剛健（しつじつごうけん）　飾り気がなく、しっかりしていること。

縦横無尽（じゅうおうむじん）　物事を思う存分、自由自在に行う様子。

解説「むじん」は「無尽」。「傍若無人」の「無人」と混同しないように。

首尾一貫（しゅびいっかん）　初めから終わりまで同じ態度を通すこと。

順風満帆（じゅんぷうまんぱん）　船が帆に追い風を受けるように、物事が順調に進むこと。

枝葉末節（しようまっせつ）　本筋でない部分。どうでもよいこと。

支離滅裂（しりめつれつ）　統一がとれず、ばらばらに乱れていること。

神出鬼没（しんしゅつきぼつ）　自由自在に現れたり、消えたりすること。

信賞必罰（しんしょうひつばつ）　賞罰のけじめを公正、厳格に行うこと。

針小棒大（しんしょうぼうだい）　小さなことを大げさに言うこと。

深謀遠慮（しんぼうえんりょ）　将来のことまでを考えた深いはかりごと。

森羅万象（しんらばんしょう）　この宇宙にあるすべての物や現象。

晴耕雨読（せいこううどく）　晴れた日は田畑を耕し、雨の日は家の中で読書すること。俗世間から離れ気ままに生活すること。

誠心誠意（せいしんせいい）　引き受けたことなどについて、うそいつわりのない真心を持って物事にあたる様子。

青天白日（せいてんはくじつ）　心にやましい点がないこと。無実の罪が晴れること。

清廉潔白（せいれんけっぱく）　心が清く、少しの不正もないこと。

絶体絶命（ぜったいぜつめい）　困難・危険から、どうしても逃れられないさま。追いつめられ、切羽詰まったさま。

解説ここでは「絶対」は誤り。

千客万来（せんきゃく〔かく〕ばんらい）　多くの客が絶え間なくやって来ること。

千載一遇（せんざいいちぐう）　千年に一度しかないような好機。

千差万別（せんさばんべつ）　多様であって、それぞれにさまざまな違いがあること。

前途多難（ぜんとたなん）　これから先、多くの困難が予測されること。

千篇一律（せんぺんいちりつ）　どれもが同じ調子で、おもしろみがないこと。

千変万化（せんぺんばんか）　いろいろさまざまに変化すること。

大義名分（たいぎめいぶん）　人として守るべき道義と本分。

大言壮語（たいげんそうご）　いばっ

て大きなことを言うこと。

泰然自若（たいぜんじじゃく） 落ち着いていて、物事に少しも動じない様子。

大胆不敵（だいたんふてき） 大胆で物事に動じない様子。

大同小異（だいどうしょうい） 細かい点の違いを除けば、大体同じこと。

多岐亡羊（たきぼうよう） 学問の道が多方面に分かれているために、真理がとらえにくいこと。転じて、方針が多く、思案に迷うこと。

多事多難（たじたなん） 事件や災難などが多くて、困難が絶えない様子。

単刀直入（たんとうちょくにゅう） 前置きを抜きにして、いきなり本題に入ること。

朝令暮改（ちょうれいぼかい） 命令や法律が次々に変更され、あてにならないこと。

直情径行（ちょくじょうけいこう） 自分の思ったままの言動をすること。
解説「径行」を「傾向」などと書かないように。

猪突猛進（ちょとつもうしん） 猪《いのしし》のように、向こう見ずに突き進むこと。

適材適所（てきざいてきしょ） 人の能力・特性などを正しく評価して、ふさわしい地位・仕事につけること。

徹頭徹尾（てっとうてつび） 最初から最後まで。どこまでも。

天衣無縫（てんいむほう） 詩文などに、技巧の跡がなく、しかも完全で美しいこと。また、人柄などが天真爛漫《らんまん》なこと。

電光石火（でんこうせっか） 非常に短い時間。また、行動が非常に素早いさま。

天真爛漫（てんしんらんまん） 純真そのもので、無邪気に振る舞うこと。

天変地異（てんぺんちい） 自然界で発生する災害や不思議な現象のこと。

当意即妙（とういそくみょう） その場で素早く機転をはたらかせること。

同工異曲（どうこういきょく） 詩文などで、手法は同じであっても、趣などが違うこと。また、見た目は違うが、中身は同じこと。

独断専行（どくだんせんこう） 自分一人で勝手に決め、実行すること。

独立自尊（どくりつじそん） 他人に頼らず、自分の尊厳を守ること。

独立独歩（どくりつどっぽ） 他人に頼らず、自分の道を進むこと。

徒手空拳（としゅくうけん） 手に何も持たないということから、自分の力だけで物事にあたること。

南船北馬（なんせんほくば） 中国の南方は船旅、北方は馬の旅が便利なことから、絶えず各地を旅すること。
解説 似た意味として、「**東奔西走**」。

日進月歩（にっしんげっぽ） 絶え間なく進歩すること。

二律背反（にりつはいはん） 二つの命題が互いに矛盾すること。

白砂青松（はくさ〔しゃ〕せいしょう） 美しい海岸の風景。

博覧強記（はくらんきょうき） 読書量が多く、知識が豊富なこと。

薄利多売（はくりたばい） 一つ当たりの利益を減らし、安くすることで、多く売って利益を上げること。

馬耳東風（ばじとうふう） 人の意見を全く気にかけずに聞き流すこと。

八方美人（はっぽうびじん） 誰に対してもいい顔をする人。

波瀾万丈（はらんばんじょう） 人生や生活の変化が激しく、起伏に富むこと。解説「波乱」という表記も見られるが、本来は「波瀾」である。

半信半疑（はんしんはんぎ） 信じられそうでもあるが、疑わしく思う気持ちもあって、どちらとも心の決まらない状態。

美辞麗句（びじれいく） 立派そうに聞こえる、美しく飾った言葉。

百花繚乱（ひゃっかりょうらん） たくさんの花が美しく咲き乱れるように、すぐれた人物や業績が一度にたくさん現れること。

百鬼夜行（ひゃっきやぎょう〔こう〕） 怪しい人間が多くはびこり、悪事を行うこと。

百発百中（ひゃっぱつひゃくちゅう） 発射すれば必ず命中すること。転じて、計画や予想などがすべて的中すること。

不言実行（ふげんじっこう） なすべきことを、あれこれ言わずに実行すること。解説 言ったことは実行する、という意味で「有言実行」という言い方があるが、これは近年、「不言実行」をもじって使われ始めたものである。

不即不離（ふそくふり） つきもせず、離れもしない関係。つかず離れず。

付和雷同（ふわらいどう） 考えもなしに他人の意見に同調すること。

粉骨砕身（ふんこつさいしん） 力の限り努力すること。

片言隻語（へんげんせきご） ほんの一言。解説「**片言隻句**（へんげんせっく）」とも。

傍若無人（ぼうじゃくぶじん） 周りの人に遠慮せず、勝手に振る舞うこと。解説「無人」は「ぶじん」と読む。また、「縦横無尽」の「無尽」と混同しないように。

茫然自失（ぼうぜんじしつ） あまりのことに我を忘れること。

本末転倒（ほんまつてんとう） 重要な部分と些細《ささい》な部分を取り違えること。

明鏡止水（めいきょうしすい） 心にわだかまりがなく、落ち着いた心境。

面従腹背（めんじゅうふくはい） うわべは服従するように見せかけて、内心では従わないこと。

唯我独尊（ゆいがどくそん） この世に自分よりも尊い者はいないと自負すること。転じて、自分だけが優れているとうぬぼれること。

優柔不断（ゆうじゅうふだん） ぐずぐずしていて、物事の決断が遅いこと。

融通無碍（ゆうずうむげ） 思考や行動が自由で、とらわれるものがないこと。

有名無実（ゆうめいむじつ） 名ばかりで中身が伴わないこと。

勇猛果敢（ゆうもうかかん） 勇まし

く、思い切りがよいこと。
悠悠自適（ゆうゆうじてき）　世俗を離れ、のんびり気ままに暮らすこと。
利害得失（りがいとくしつ）　利益と損失。長所と短所。
離合集散（りごうしゅうさん）　離れたり集まったりすること。
流言蜚（飛）語（りゅうげんひご）　世間に広がる、根拠のないうわさ。
竜頭蛇尾（りゅうとうだび）　初めの勢いはよいが、終わりは振るわないこと。
臨機応変（りんきおうへん）　その場の状況に応じて適切に処置すること。
冷汗三斗（れいかんさんと）　恐ろしかったり恥ずかしかったりしてひどく冷や汗をかく様子をいう。「斗」は尺貫法の容積の単位で、「三斗」でひどくたくさんという意味を表す。
和魂洋才（わこんようさい）　日本人としての精神に西洋の知識を併せ持つこと。**解説** 古くは、西洋の代わりに中国をいう「和魂漢才」があった。
和洋折衷（わようせっちゅう）　日本と西洋の様式をほどよく調和させること。

故事成語の例

羹《あつもの》に懲《こ》りて膾《なます》を吹く　熱い吸い物で舌にやけどをしたら、冷たい膾まで吹き冷まそうとするようになった、という故事から、失敗に懲りて用心し過ぎること。（『楚辞《そじ》』）
屋下に屋を架す　屋根の下に、もう一つ屋根を作るという意味から、無駄な行為のこと。（『世説新語』）**解説**「屋上に屋を架す」とも。
温故知新　過去の事柄や先人の思想などを研究して、そこから新しい知識や見解を得ること。（『論語』）
眼光紙背に徹す　眼光が紙の裏まで通るほど、という意味から、書物を読んで、文章の深意まで理解すること。（塩谷宕陰《しおのやとういん》「安井仲平《ちゅうへい》の東遊するを送るの序」）**解説**「眼紙背に透る」とも。
換骨奪胎《かんこつだったい》　骨を取り換え、胎（子ぶくろ）を取って用いるということから、先人の詩文の発想や表現法を利用し、自分の作品とすること。また、焼き直し。（『冷斎夜話《れいさいやわ》』）
完璧《かんぺき》　完全で欠点のないこと。「璧《へき》」は宝玉のことで、秦《しん》から無事璧を持ち帰ったという故事から。（『史記』）**解説**「壁」と書かないように。
管鮑《かんぽう》の交わり　生涯友情を貫いた管《かん》仲《ちゅう》と鮑叔《ほうしゅく》の関係になぞらえ、友人間の親密な交際。（『列子』ほか）
木に縁《よ》りて魚を求む　木の上からは魚はとれないことから、手段を誤っては、目的を達せられないこと。（『孟子《もうし》』）
杞憂《きゆう》　杞の国の人が天が落ちてきたらどうしようなどと心配したという故事から、いらぬ心配をすること。（『列子』）
九仞《きゅうじん》の功を一簣《いっき》に虧《か》く　「九仞」はとても高いことの表現。あと一歩で高い山が完成するところまで土を盛っても、そこでやめてしまえば結局無駄になってしまうことから、長い努力もわずかな失敗で台無しになってしまうこと。（『書経』）

漁父（夫）の利　蚌《ぼう》（からす貝）と鷸《いつ》（しぎ）が争っていたところ、両方とも漁師に捕らえられてしまったという話から、両者の争いに乗じて第三者が利益を横取りしてしまうこと。（『戦国策』）

解説「**鷸蚌《いつぼう》の争い**」とも。

鶏口となるも牛後となるなかれ　鶏の頭となっても、牛の尻にはなるなという意味から、大きな集団の下にいるよりは、小さい集団の長になっているほうがよい、ということ。（『史記』ほか）

蛍雪の功　貧乏のため蛍の光や雪明かりを灯火の代わりとして、勉強したという故事から、苦労して学問をし成果を上げること。（『晋書《しんじょ》』）

逆鱗《げきりん》に触れる　竜のあごの下の、逆さ向きになっている鱗《うろこ》に触れると、竜が怒り狂うという言い伝えから、目上の人をひどく怒らせること。（『韓非子《かんぴし》』）

捲土重来《けんどちょうらい》　砂ぼこりを巻きあげて、再び来るという意味から、一度敗れた者が、また勢いを盛り返してくること。（杜牧《とぼく》「烏江亭《うこうてい》に題す」詩）

巧言令色　言葉遣いを巧みにし、表情をとりつくろって機嫌をとること。（『論語』）

後生畏《おそ》るべし　後から生まれた若い人は、将来、どんな立派な人物になるか見当がつかないから、畏敬《いけい》するべきものがある、ということ。「後生」は「後輩」「若者」の意。（『論語』）

呉越同舟　敵どうしである呉と越の人が同じ舟に乗り合わせたという故事から、仲の悪い者どうしが同じ場所にいること。（『孫子』）

虎穴に入らずんば虎子を得ず　虎の巣穴に入らなければ虎の子を手に入れることはできないように、危険を冒さなければ大きな成果は望めない。（『後漢書』）

五十歩百歩　戦場から五十歩逃げた者が百歩逃げた者を弱虫だと言って笑ったという寓話《ぐうわ》から、程度が少し違うだけで本質は変わらないこと。（『孟子』）

塞翁《さいおう》が馬　国境の塞《とりで》の近くの老人が飼っていた馬が逃げるという不運をきっかけに幸運が訪れ、その幸運がきっかけに不幸が訪れる、という展開の話から、人生の吉凶禍福は予想できないものであるということ。（『淮南子《えなんじ》』）

解説「**人間万事塞翁が馬**」とも。

鹿を逐《お》う者は山を見ず　利欲で頭がいっぱいになっている者は周囲の状況が分からなくなること。（『虚堂録《きどうろく》』）

四面楚歌《そか》　周囲がすべて敵で、孤立すること。（『史記』）類例「**孤立無援**」

推敲《すいこう》　唐の詩人が「僧推月下門」の句を作った後、この「推」を「敲」に改めようかしばらく悩んだという故事から、詩や文章の字句を何度も練り直すこと。（『唐詩紀事』）

切磋琢磨《せっさたくま》　骨や角を切って磋《みが》き、玉や石をのみで琢《たた》いて磨いて立派にするという意味から、学問や道徳の向上に励むこと。（『詩経』）

大器晩成　大きな器は、すぐにはできあがらないという意味から、大人物は遅れて大成するということ。（『老子』）

他山の石　他の山から出る粗悪な石であっても、自分の玉を磨くのに役立つという意味から、（自分より劣っている）他人の言行も、自分の知識や人格を磨くのに役立てることができるということ。（『詩経』）

蛇足　蛇の絵に足をかき足したという故事から、無駄なこと。（『戦国策』）

知音《ちいん》　琴の名手が、親友の死にあたって、自分の琴の音を分かってくれる人がいなくなったと嘆いたという故事から、親友のこと。心の友。（『列子』）

朝三暮四　与えるえさの量を猿と交渉していたとき、木の実を朝に三つ、暮れに四つでは少ないと怒っていた猿が、「それでは朝に四つ、暮れに三つならどうか」と言い方を変えただけで喜んで承知した、という寓話から、目先の違いにとらわれ、結果は同じであることに気がつかないこと。（『列子』）ほか）

虎の威を借る狐《きつね》　狐が、後ろを歩いている虎の恐ろしさを利用して百獣を逃走させたという寓話から、強い者の威光を借りていばる者。（『戦国策』）

鶏を割くに焉《いずく》**んぞ牛刀を用いん**　鶏を料理するのにわざわざ牛刀を用いる必要はない、という意味から、小さなことのために何も大げさな方法をとる必要はないということ。（『論語』）

背水の陣　自ら逃げ道を塞ぐために川を背にして陣取り、決死の覚悟で戦い大勝したという故事から、決死の覚悟で全力を尽くすこと。（『史記』）

白眉《はくび》　兄弟のうち、最も優れていた長男の眉の中に白毛が混じっていたという故事から、同類の中で最も優れたもの。（『三国志』）

覆水盆に返らず　一度こぼれた水はもはや盆には返らないことから、一度してしまった失敗は取り返しのつかないこと。（『拾遺記』）**解説** 復縁を迫った元の妻に対し、こぼした水を盆に戻せたら復縁しようと言った、という話をもとにしており、本来の意味は、一度離れた夫婦の仲は、元には戻せないこと。

刎頸《ふんけい》**の交わり**　相手のためなら首をはねられてもいいというほどの親しい交際、また、その友人のこと。（『史記』）

先《ま》**ず隗**《かい》**より始めよ**　燕《えん》の昭王が、天下の賢人を招く方法を尋ねた際、家臣の郭隗《かくかい》が、まず私のようなつまらぬ者を賢者として優遇することから始めれば、その噂《うわさ》を聞きつけて私以上の賢者が集まってくると意見を述べたという故事から、大事をなすには手近なところから始めよ、ということ。（『戦国策』）**解説** のちに、「言い出した者から始めよ」という意味でも使われるようになった。

矛盾　どんな盾でも貫くという矛と、どんな矛でも貫けないという盾を同時に売ろうとした、という故事から、つじつまが合わないこと。(『韓非子』)

孟母三遷《もうぼさんせん》　孟子の母が、孟子の教育のため、ふさわしい環境を求めて三度住居を移したという故事から、母親が教育に熱心なこと。(『列女伝』)

羊頭狗肉《ようとうくにく》　羊の頭を店先に掲げて、実際は犬の肉を売る、ということから、見かけは立派でも内容が伴っていないこと。見かけ倒し。(『無門関』ほか)

李下《りか》**に冠を正さず**　李《すもも》の木の下で冠を直そうと手を上げると、実を盗むのかと疑われることから、人に疑われるような行為は慎むべきだ、ということ。(『文選《もんぜん》』) 解説 「**瓜田**《かでん》**に履**《くつ》**を納**《い》**れず**」ともいい、あわせて「**瓜田李下**」という四字熟語にもなる。

検定問題・3級

四字熟語と慣用句、ことわざのクロスワードです。ア〜オに当てはまる漢字一字を1〜10から選んで、番号で答えてください。一つの字は一回しか使えないこととします。

	晴						
	耕						
	ア	垂	れ	イ	を	穿《うが》	つ
	読			の			
		畳	の	ウ	の	水	練
				に			
		厚		も			
仏	の	エ	も	オ	度		
		無		年			
		恥					

1 山　2 石　3 上　4 先　5 顔　6 頭　7 雨　8 雪　9 千　10 三

解説 ア…7　イ…2　ウ…3　エ…5　オ…10

解説

石の上にも三年…冷たい石でも三年座り続ければ暖まってくるように、何事も辛抱して続ければいつかは成功するということ。

厚顔無恥…自分の立場などをわきまえず、厚かましく恥知らずな言動をすること。

晴耕雨読…晴れた日は田畑を耕し、雨の日は読書することから、世間のわずらわしさから離れて、悠々自適に暮らすこと。

雨垂れ石を穿つ…わずかな努力でも根気よく続けていれば、最後には成功するということ。

畳の上の水練…理論や方法を知っているだけで、実地の訓練が欠けているため、実際の役に立たないこと。

仏の顔も三度…どんなに温厚な人でも、無礼な仕打ちを何度も繰り返されれば怒り出すということ。

●表記

現代仮名遣いのポイント

（内閣告示「現代仮名遣い」〈昭和六十一年〉による）

1 長音

長音符「ー」は外来語にしか用いない。長音表記は基本的に「あ」「い」「う」「え」「お」という母音を添えるという表記法になるが、母音の添え方には次のような基準がある。ア列、イ列、ウ列の長音はそれぞれその母音を添えるだけなので問題ないが、エ列、オ列の長音には注意が必要である。

(1) ア列の長音

ア列の仮名に「あ」を添える。

例 おかあさん　おばあさん

(2) イ列の長音

イ列の仮名に「い」を添える。

例 にいさん　おじいさん

(3) ウ列の長音

ウ列の仮名に「う」を添える。

例 おさむうございます（寒）　くうき（空気）　ふうふ（夫婦）　うれしゅう存じます　きゅうり　ぼくじゅう（墨汁）　ちゅうもん（注文）

(4) エ列の長音

①原則として、エ列の仮名に「え」を添える。

例 ねえさん　ええ（応答の語）

②ただし、次のものは、エ列長音で発音されることがあっても「い」を添えて表記する。

Ⓐ動詞連用形

例 かせいで（稼）　まねいて（招）　春めいて

これらは本来、長音ではなく「セイ」「エイ」などという「ei」の母音連続であり、仮名遣いも発音どおりであるが、現代には「カセーデ」「マネーテ」などとエ列長音として発音されることもある。しかし、実際どのように発音されるかにかかわらず、このような動詞連用形は、本来の仮名遣いどおり、エ列の仮名に「い」を添えて書く。

Ⓑ漢語の読みがエ列長音化したもの

例 へい（塀）　めい（銘）　れい（例）　えいが（映画）　とけい（時計）　ていねい（丁寧）

例えば「映画」はしっかりと「エイガ」と発音することも、長音化して「エーガ」と発音することもある。ここに掲げた例以外にも、漢語の読みにおける「ei」がエ列長音化して発音される場合は多々あるが、これらについても実際どのように発音されるかにかかわらず、本来の仮名遣いどおり、エ列の仮名に「い」を添えて書く。

エ列長音の表記の原則は「エ列の仮名に〈え〉を添える」というものであるが、現在われわれがエ列長音として発音するものの多くはⒶまたはⒷであり、原則が適用される語の数のほうが少ない。原則が適用されるのは「ねえさん」、呼びかけ・応答の「ええ」「へえ」「ねえ」など、また、台詞《せりふ》等での「知らねえ」、「うめえ」などのように、規範を超えて音そのものを写し取る場合程度である。そこで、これら以外のエ列長音は「い」を添える、と思っておいたほうが実は現実的である。

(5) オ列の長音

①原則としては、オ列の仮名に「う」を添える。

例 おとうさん　とうだい（灯台）
わこうど（若人）　おうむ（鸚鵡）
かおう（買）　あそぼう（遊）
おはよう（早）　おうぎ（扇）
とう（塔）　よいでしょう
はっぴょう（発表）
きょう（今日）
ちょうちょう（蝶々）

②次のような語は、オ列の仮名に「お」を添えて書く。

例 おおかみ　おおせ（仰）
おおやけ（公）　こおり（氷・郡）
こおろぎ　ほお（頬）　ほおずき
ほのお（炎）　とお（十）
いきどおる（憤）　おおう（覆）
こおる（凍）　しおおせる
とおる（通）　とどこおる（滞）
もよおす（催）
いとおしい　おおい（多）
おおきい（大）　とおい（遠）
おおむね　おおよそ

現代語の感覚で①と②を区別することは難しく、「通り」を「とうり」と書いてしまったり、「遠い」を含む「お持ち遠さま」を「おまちどうさま」と書いてしまったり、という誤りがよく見られる。

①と②の差は、歴史的仮名遣いの表記の違いによるものである。①の歴史的仮名遣いは、鸚鵡であれば「あうむ」、「今日」であれば「けふ」のように、長音の部分が「う」「ふ」などのウ列音で表記されていたため、これを引き継いで現代仮名遣いでは「う」を添える。これに対し、②の歴史的仮名遣いは「通る」であれば「とほる」、「十」であれば「とを」のように、長音の部分がオ列音で表記されていたため、現代仮名遣いでは「お」を添える。現代においては区別なく同じ音のオ列長音に対し、歴史的仮名遣いの違いをもとに「う」を添えるか「お」を添えるかが振り分けられているため、歴史的仮名遣いの感覚を持たない現代人には、どちらを添えるかの判断は難しい。現実的には、①を原則とし、②のように「お」を添える語を覚える、という対処の仕方がよいだろう。

2 助詞「は」「を」「へ」

内閣告示「現代仮名遣い」には助詞の表記について、「表記の慣習を尊重して」、「は」「を」「へ」と書くことが示されている。現代仮名遣いは、歴史的仮名遣いと異なり、発音のとおり表記するというのが基本方針であるが、

「私わ荷物お実家え送った」のように書くことはない。助詞「は」「を」「へ」に関しては、歴史的仮名遣いの書き方が残ったことになる。助詞の表記法自体は、まず間違うことはないだろうが、やや注意を要するのは、慣用的な表現の中にこれらの助詞が含まれている場合である。例えば「やむをえない」という表記に対し、近年「やむおえない」という誤った表記が見られるようになったが、これは本来の「やむ―を―得ない」という関係を忘れ、全体で一語のように思い込んでしまったことによる。同様の事例として「こんにちは」を「こんにちわ」と表記する誤りも見られるが、これも本来の「今日―は」というつながりが忘れられ、全体で一つの決まり文句のように考えてしまう場合に起こる誤りである。このように、助詞「は」「を」を含む表現の中には、本来それが助詞であったことを忘れてしまうと表記を誤るおそれがあるので、その点に注意したい。

助詞「は」を含む例

例 これはこれは　こんにちは
こんばんは　あるいは　または
もしくは　いずれは　さては
ついては　ではさようなら
とはいえ　惜しむらくは
恐らくは　願わくは
悪天候もものかは

助詞「を」を含む例

例 やむをえない　いわんや…をや
よせばよいものを

〔補足〕 次のようなものは、本来係助詞の「は」であるが、現代においては一般にそのような認識がされなくなったため、助詞としての表記はせず「わ」と表記する。

例 いまわの際《きわ》　すわ一大事
雨も降るわ風も吹くわ
来るわ来るわ　きれいだわ

3 動詞「言う」

「言う」は、「イウ」と発音する以外に、「ユー」と発音する場合もあるが、実際の発音にかかわらず、すべて「いう」という仮名遣いとし、「ゆう」とは表記しない。近年「そうゆう」「こうゆう」などの表記が見られるがこのような書き方は誤りである。

例 ものをいう（言）
いうまでもない
昔々あったという
どういうふうに　人というもの
こういうわけ

4 「じ」と「ぢ」、「ず」と「づ」

発音は変わらないが表記の方法が二通りあるものとして、「じ」と「ぢ」、および「ず」と「づ」が挙げられる。これらの仮名遣いの基準は次のとおりである。

①原則…「じ」「ず」を用いて書く。

例 ふじ（藤）　じかん（時間）

②例外…次のような語は、「ぢ」「づ」

を用いて書く。

(1) 同音の連呼によって生じた「ぢ」「づ」

例 ちぢみ（縮） ちぢむ ちぢれる
ちぢこまる つづみ（鼓）
つづら つづく（続）
つづる（綴）

〔注意〕「いちじく」「いちじるしい」は、この例に当たらない。

(2) 二語の連合によって生じた「ぢ」「づ」

「鼻（はな）」＋「血（ち）」が「鼻血（はなぢ）」となるように、「ち」「つ」で始まる語の前に別の語が付き、その結果「ち」「つ」が濁音化したもの（「連濁」という）は、もとの仮名遣い「ち」「つ」に濁点を付け、「ぢ」「づ」と書く。

例 はなぢ（鼻血）
そこぢから（底力）
いれぢえ（入知恵）
ちゃのみぢゃわん
まぢか（間近）
こぢんまり（小＋ちんまり）
ちかぢか（近々） ちりぢり
みかづき（三日月）
たけづつ（竹筒） たづな（手綱）
にいづま（新妻）
ひづめ（「づめ」は「爪」）
ひげづら おこづかい（小遣）
あいそづかし わしづかみ
こころづくし（心尽）
てづくり（手作）
こづつみ（小包） ことづて
はこづめ（箱詰） はたらきづめ
みちづれ（道連） かたづく
こづく（小突） どくづく
もとづく うらづける
ゆきづまる ねばりづよい
つねづね（常々） つくづく
つれづれ

なお、次のような語については、現代語の意識では一般に二語に分解しにくいもの等として、それぞれ原則どおり「じ」「ず」を用いて書くこととするが、「せかいぢゅう」「いなづま」のように「ぢ」「づ」を用いて書くこともできるものとする。

例 せかいじゅう（世界中）
いなずま（稲妻）
かたず（固唾：唾を表す「つ」）
きずな（絆：「綱」）
さかずき（杯：酒＋器を表す「つき」）
うなずく かしずく つまずく
ぬかずく ひざまずく
なかんずく（動詞「つく」）
くんずほぐれつ（助動詞「つ」）
でずっぱり（「つっぱり」）
うでずく くろずくめ（「尽く」）
ひとりずつ（「つつ」）
ゆうずう（融通、「つう」）

〔注意〕次のような語の中の「じ」「ず」は、漢字の音読みでもともと濁っているものであって，連濁ではないた

表記

め「じ」「ず」を用いて書く。

例 じめん（地面）　ぬのじ（布地）
ずが（図画）　りゃくず（略図）

「鼻血」を「はなぢ」と書くことから、「地面」を「ぢめん」と書いてしまいそうになるが、これは誤りである。「鼻血」の「血」は「血（ち）」が濁音化したものだが、「地面」の「地」は初めから「じ」である。そもそも「鼻血」と異なり、「ち」の前に語が付いているわけではないので、連濁を起こして濁音化したわけではないことが分かるだろう。漢字の音読みは一種類と限らず、例えば「人」であれば「人間（にんげん）」「人口（じんこう）」のように、「ニン」や「ジン」と、複数の音読みが存在する。「地」の音読みも同様で、「チ」と「ジ」はともに最初からある音読みであって、連濁の結果ではないため、大原則どおり「じ」を用いて書けばよい。

送り仮名の付け方のポイント

（内閣告示「送り仮名の付け方」〈昭和四十八年〉による）

内閣告示「送り仮名の付け方」（昭和四十八年）に示される仮名遣いの基準を紹介する。

「送り仮名の付け方」では、基本法則のほかに「例外」「許容」の二つを立てて説明しており、本書でもそれに従う。

例外…本則には合わないが、慣用として行われていると認められるもの。つまり、本則が適用されない仮名の送り方。

許容…本則による形とともに認められる、本則に従わないもの。つまり、本則どおりに仮名を送る語であるが、それ以外に別の送り方も認められているもの。

1 活用のある語は、活用語尾を送る。

活用のある語に関しては、原則として語幹を漢字表記し、活用語尾を送り仮名として平仮名表記する。

例 憤《いきどお》る　承る　書く　実る　催す
生きる　陥《おとしい》れる　考える　助ける
荒い　潔い　賢い　濃い　主だ

●例外

(1) 語幹が「し」で終わる形容詞は、「し」から送る。

例 著しい　惜しい　悔しい
恋しい　珍しい

(2) 活用語尾の前に「か」、「やか」、「らか」を含む形容動詞は、その音節から送る。

例 暖かだ　細かだ　静かだ
穏やかだ　健やかだ　和やかだ
明らかだ　平らかだ　滑らかだ
柔らかだ

(3) 次の語は、次に示すように送る。

明らむ　味わう　哀れむ　慈しむ
教わる　脅《おど》かす　脅《おびや》かす　関わる
食らう　異なる　逆らう　捕まる
群がる　和らぐ　揺する
明るい　危ない　危うい　大きい
少ない　小さい　冷たい　平たい
新ただ　同じだ　盛んだ　平らだ
懇《ねんご》ろだ　惨《みじ》めだ
哀れだ　幸いだ　幸せだ　巧みだ

●許容

次の語は、〔　〕の中に示すように、活用語尾の前の音節から送ることができる。

表す〔表わす〕　著す〔著わす〕
現れる〔現われる〕　行う〔行なう〕
断る〔断わる〕　賜る〔賜わる〕

〔注意〕 語幹と活用語尾との区別がつかない動詞は、例えば、「着る」、「寝る」、「来る」などのように送る。

2 活用語尾以外の部分に他の語を含む語は、含まれている語の送り仮名の付け方によって送る。

もとの語との対応が考えられる語については、もとの語の送り仮名の付け方が優先される。例えば形容詞「よろこばしい」は法則どおりであれば「しい」からを送り仮名とし「喜しい」となるはずであるが、もとの動詞「よろこぶ」の送り仮名の付け方「喜ぶ」に合わせて「喜ばしい」と送る。また、「向かう」は、「活用語尾を送り仮名とする」という原則に従うならば「むか」までが語幹、「う」が活用語尾であるため「向う」となるが、実際は「かう」を送る。これは、対応するもとの動詞「向く」の送り仮名（「む」までが漢字「向」）に合わせ、「向かう」と表記しているのである。

例

(1) 動詞の活用形またはそれに準ずるものを含むもの。

＊〔　〕内は対応するもとの語

動かす〔動く〕　照らす〔照る〕
語らう〔語る〕　計らう〔計る〕
向かう〔向く〕　浮かぶ〔浮く〕
生まれる〔生む〕
押さえる〔押す〕
捕らえる〔捕る〕
勇ましい〔勇む〕
輝かしい〔輝く〕
喜ばしい〔喜ぶ〕
晴れやかだ〔晴れる〕
及ぼす〔及ぶ〕　積もる〔積む〕
聞こえる〔聞く〕
頼もしい〔頼む〕
起こる〔起きる〕
落とす〔落ちる〕
暮らす〔暮れる〕
冷やす〔冷える〕
当たる〔当てる〕
終わる〔終える〕
変わる〔変える〕
集まる〔集める〕
定まる〔定める〕
連なる〔連ねる〕
交わる〔交える〕
混ざる・混じる〔混ぜる〕
恐ろしい〔恐れる〕

(2) 形容詞・形容動詞の語幹を含むもの。

重んずる〔重い〕　若やぐ〔若い〕
怪しむ〔怪しい〕
悲しむ〔悲しい〕
苦しがる〔苦しい〕
確かめる〔確かだ〕
重たい〔重い〕　憎らしい〔憎い〕
古めかしい〔古い〕
細かい〔細かだ〕
柔らかい〔柔らかだ〕
清らかだ〔清い〕
高らかだ〔高い〕
寂しげだ〔寂しい〕

(3) 名詞を含むもの。

汗ばむ〔汗〕　先んずる〔先〕
春めく〔春〕　男らしい〔男〕
後ろめたい〔後ろ〕

●許容

読み間違えるおそれのない場合は、活用語尾以外の部分について、次の〔　〕の中に示すように、送り仮名を省くことができる。

例 浮かぶ〔浮ぶ〕
生まれる〔生れる〕
押さえる〔押える〕

捕らえる〔捕える〕
晴れやかだ〔晴やかだ〕
積もる〔積る〕
聞こえる〔聞える〕
起こる〔起る〕　落とす〔落す〕
暮らす〔暮す〕　当たる〔当る〕
終わる〔終る〕　変わる〔変る〕

3　名詞は、送り仮名を付けない。

例　月　鳥　花　山
男　女
彼　何

●例外

(1) 次の語は、最後の音節を送る。
辺り　哀れ　勢い　幾ら　後ろ
傍《かたわ》ら　幸い　幸せ　互い　便り
半ば　情け　斜め　独り　誉れ
自ら　災い

(2) 数をかぞえる「つ」を含む名詞は、その「つ」を送る。
例　一つ　二つ　三つ　幾つ

4　活用のある語から転じた名詞および活用のある語に「さ」、「み」、「げ」などの接尾語が付いて名詞になったものは、もとの語の送り仮名の付け方によって送る。

名詞は送り仮名を付けないことを基本とするため、例えば「うごき」という名詞は、原則どおりであれば「動」と表記されるところであるが、実際は「動き」のように「き」を送って表記する。「うごき」は動詞「動く」の連用形をもとにした名詞であり、このように活用のある語をもとにした名詞を表記する場合は、もとの語での送り仮名の付け方に従って送るのである。

例
(1) 活用のある語から転じたもの。
動き　仰せ　恐れ　薫り　曇り
調べ　届け　願い　晴れ　当たり
代わり　向かい　狩り　答え
問い　祭り　群れ　憩い　愁い
憂い　香り　極み　初め　近く
遠く

(2)「さ」、「み」、「げ」などの接尾語が付いたもの。
暑さ　大きさ　正しさ　確かさ
明るみ　重み　憎しみ
惜しげ

●例外

例えば「こおり（氷）」は動詞「こおる」、「しるし（印）」は動詞「しるす」と対応するが、「氷」「印」と表記し、送り仮名は付けない。これらの語は現代においては動詞との対応があまり意識されなくなっているものであり、その語本来の成り立ちがどうであれ、現代の意識において名詞そのものと認識される傾向の強い語に関しては、名詞の一般原則のとおり、送り仮名を付けない。

次の語は、送り仮名を付けない。
謡《うたい》　虞　趣　氷　印　頂　帯　畳
卸　煙　恋　志　次　隣　富　恥
話　光　舞　折　係　掛《かかり》　組　肥
並《なみ》　巻　割

●許容

活用のある語をもとにする名詞は、もとの送り仮名に従って送り仮名を付けるのが原則であるが、読み間違えるおそれのない場合は、次の〔　〕の中に示すように、送り仮名を省くことができる。

例 曇り〔曇〕　届け〔届〕
願い〔願〕　晴れ〔晴〕
当たり〔当り〕　代わり〔代り〕
向かい〔向い〕　狩り〔狩〕
答え〔答〕　問い〔問〕
祭り〔祭〕　群れ〔群〕
憩い〔憩〕

5　副詞・連体詞・接続詞は、最後の音節を送る。

例 必ず　更に　少し　既に　再び
全く　最も
来る　去る
及び　且つ　但し

●例外

(1) 次の語は、次に示すように送る。

明くる　大いに　直ちに　並びに
若《も》しくは

(2) 次の語は、送り仮名を付けない。

又

(3) 次のように、他の語を含む語は、含まれている語の送り仮名の付け方によって送る。（含まれている語を〔　〕の中に示す）

例 併せて〔併せる〕
至って〔至る〕
恐らく〔恐れる〕
従って〔従う〕
絶えず〔絶える〕
例えば〔例える〕
努めて〔努める〕
辛うじて〔辛い〕
少なくとも〔少ない〕
互いに〔互い〕
必ずしも〔必ず〕

●漢字

使い方を間違えやすい「異字同訓」の漢字

別々の漢字で、同じ訓読みをする漢字がある。ここではそれぞれの用例を挙げる。意味も異なっているので、使い方を間違えないようにしたい。

あう
合う―計算が合う。目が合う。服が体に合う。好みに合う。割に合わない仕事。駅で落ち合う。
会う―客と会う時刻。友人に会いに行く。
遭う―災難に遭う。にわか雨に遭う。
あがる・あげる
上がる・上げる―地位が上がる。物価が上がる。腕前を上げる。お祝いの品物を上げる。
揚がる・揚げる―花火が揚がる。歓声が揚がる。たこを揚げる。てんぷらを揚げる。
挙げる―例を挙げる。全力を挙げる。国を挙げて。犯人を挙げる。
あく・あける
明く・明ける―夜が明ける。
空く・空ける―席が空く。空き箱。家を空ける。時間を空ける。
開く・開ける―幕が開く。開いた口がふさがらない。店を開ける。窓を開ける。
あたい
価―価が高くて買えない。商品に価を付ける。
値―そのものの持つ値。未知数 x の値を求める。称賛に値する。
あたたかい・あたたかだ・あたたまる・あたためる
暖かい・暖かだ・暖まる・暖める―暖かな毛布。室内を暖める。
温かい・温かだ・温まる・温める―温かい料理。温かな家庭。心温まる話。スープを温める。
あたる・あてる
当たる・当てる―ボールが体に当たる。任に当たる。予報が当たる。出発に当たって。胸に手を当てる。日光に当てる。当て外れ。
充てる―建築費に充（当）てる。保安要員に充（当）てる。
宛てる―恩師に宛てて手紙を書く。本社に宛てられた書類。
あつい
暑い―今年の夏は暑い。暑い部屋。暑がり屋。
熱い―熱い湯。
厚い―厚い壁で隔てる。支持者の層が厚い。手厚いもてなし。
あと
跡―車輪の跡。苦心の跡が見える。父の跡を継ぐ。
後―後の祭り。後を頼んでいく。後から行く。後になり先になり。
痕―傷痕が痛む。壁に残る弾丸の痕。手術の痕（跡）。
あぶら
油―油を流したような海面。ごまの油で揚げる。水と油。火に油を注ぐ。

脂―脂がのる年ごろ。牛肉の脂。脂ぎった顔。

あやしい

怪しい―挙動が怪しい。空模様が怪しい。怪しい人影を見る。

妖しい―妖しい魅力。妖しく輝く瞳。

あやまる

誤る―誤りを見つける。書き誤り。

謝る―謝って済ます。

あらい

荒い―波が荒い。気が荒い。金遣いが荒い。

粗い―網の目が粗い。きめが粗い。仕事が粗い。

あらわす・あらわれる

表す・表れる―言葉に表す。喜びを顔に表す。喜びの表れ。

現す・現れる―姿を現す。太陽が現れる。怪獣が現れる。

著す―書物を著す。

ある

有る―財源が有る。子が有る。有り合わせ。有り金。有様。

在る―日本はアジアの東に在る。在り方。

あわせる

合わせる―手を合わせて拝む。時計を合わせる。調子を合わせる。力を合わせる。

併せる―二つの会社を併せる。両者を併せて考える。併せて健康を祈る。

いく

行く―電車で行く。早く行こう。仕事帰りに図書館に行った。

逝く―彼が逝って三年たつ。多くの人に惜しまれながら逝った。

いたむ・いためる

痛む・痛める―足が痛む。腰を痛める。

傷む・傷める―家が傷む。傷んだ果物。建物を傷める。

悼む―死を悼む。故人を悼む。

いる

入る―念の入った話。気に入る。仲間入り。恐れ入る。

要る―金が要る。保証人が要る。親の承諾が要る。何も要らない。

うける

受ける―注文を受ける。命令を受ける。保護を受ける。相談を受ける。

請ける―請け負う。下請け。

うた

歌―歌を歌う。美しい歌声が響く。

唄―小唄の師匠。長唄を習う。馬子唄が聞こえる。

うつ

打つ―くぎを打つ。碁を打つ。電報を打つ。心を打つ話。打ち消す。

討つ―賊を討つ。義士の討ち入り。相手を討ち取る。

撃つ―鉄砲を撃つ。

うつす・うつる

写す・写る―書類を写す。写真を写す。風景を文章に写す。写真の中央に写っている人。

映す・映る―幻灯を映す。スクリーンに映す。壁に影が映る。鏡に姿が映る。着物がよく映る。

うむ・うまれる

生む・生まれる―新記録を生む。傑作

漢字

を生む。下町生まれ。京都に生まれる。

産む・産まれる—卵を産み付ける。産みの苦しみ。産み月。

うれい・うれえ

憂い・憂え—後顧の憂い（え）。災害を招く憂い（え）がある。

愁い—春の愁い。愁いに沈む。

える

得る—勝利を得る。許可を得る。得物を振り回す。

獲る—獲物をねらう。

おかす

犯す—過《あやま》ちを犯す。法を犯す。

侵す—権利を侵（犯）す。国境を侵（犯）す。

冒す—危険を冒す。激しい雨を冒して行く。

おくる

送る—荷物を送る。卒業生を送る。順に席を送る。送り状。

贈る—お祝いの品を贈る。感謝状を贈る。故人に位を贈る。

おくれる

遅れる—完成が遅れる。列車が遅れる。会合に遅れる。

後れる—気後れする。人に後れを取る。後れ毛。

おこす・おこる

起こす・起こる—体を起こす。朝早く起こす。事件が起こる。持病が起こる。

興す・興る—産業を興す。国が興る。

おさえる

押さえる—紙の端を押さえる。証拠を押さえる。要点を押さえる。差し押さえる。

抑える—物価の上昇を抑える。要求を抑える。怒りを抑える。

おさまる・おさめる

収まる・収める—博物館に収まる。争いが収まる。効果を収める。成功を収める。目録に収める。

納まる・納める—品物が納まった。国庫に納まる。税を納める。注文の品を納める。

治まる・治める—国内がよく治まる。痛みが治まる。領地を治める

修まる・修める—身持ちが修まらない。学を修める。

おす

押す—ベルを押す。横車を押す。押し付けがましい。

推す—会長に推す。推して知るべしだ。

おそれる

恐れる—死を恐れる。報復を恐れて逃亡する。失敗を恐れるな。

畏れる—師を畏れ敬う。神を畏（恐）れる。畏（恐）れ多いお言葉。

おどる

踊る—リズムに乗って踊る。踊らされて動く。盆踊り。踊り子。

躍る—馬が躍り上がる。小躍りして喜ぶ。胸が躍る。

おもて

表—裏と表。表で遊ぶ。表向き。

面—面を上げる。面を伏せる。矢面に立つ。

おりる・おろす

降りる・降ろす―電車を降りる。高所から飛び降りる。月面に降り立つ。霜が降りる。次の駅で降ろしてください。主役から降ろされた。

下りる・下ろす―幕が下りる。錠が下りる。枝を下ろす。貯金を下ろす。

卸す―小売りに卸す。卸値。棚卸し。

かえす・かえる

返す・返る―もとの持ち主に返す。借金を返す。恩返し。貸した金が返る。正気に返る。返り咲き。

帰す・帰る―親もとへ帰す。故郷へ帰る。帰らぬ人となる。帰り道。

かえりみる

顧みる―過去を顧みる。顧みて他を言う。

省みる―自らを省みる。省みて恥じるところがない。

かえる・かわる

変える・変わる―形を変える。観点を変える。位置が変わる。心変わりする。声変わり。変わり種。

換える・換わる―名義を書き換える。車を乗り換える。土地が金に換わる。

替える・替わる―振り替える。替え歌。入れ替わる。社長が替わる。

代える・代わる―書面をもってあいさつに代える。父に代わって言う。身代わりになる。

かおる・かおり

薫る―風薫る。

香る・香り―茶の香り。

かかる・かける

掛かる・掛ける―迷惑が掛かる。腰を掛ける。保険を掛ける。壁掛け。掛け売り。

懸かる・懸ける―月が中天に懸かる。優勝が懸かる。賞金を懸ける。命を懸けて。

架かる・架ける―橋が架かる。橋を架ける。電線を架ける。

係る―本件に係る訴訟。係り結び。係員。

賭ける―大金を賭ける。人生を賭(懸)けた勝負。名誉を賭（懸）けて誓う。

かく

書く―小説を書く。日記を書く。小さな字で書かれた本。

描く―油絵を描く。ノートに地図を描く。

かげ

陰―山の陰。陰の声。陰口を利《き》く。

影―障子に影が映る。影を隠す。影も形もない。影が薄い。

かた

形―自由形。跡形もなく。

型―型にはまる。一九七〇年型。血液型。鋳型。

かたい

堅い―堅い材木。手堅い商売。

固い―団結が固い。固練り。頭が固い。固く信じる。

硬い―硬い石。硬い表現。

かわく

乾く―空気が乾く。干し物が乾く。乾いた土。

渇く―のどが渇く。渇きを覚える。

きく

聞く―物音を聞いた。話し声を聞く。

うわさを聞く。聞き流しにする。
聴く—音楽を聴く。国民の声を聴く。

きく

効く—薬が効く。宣伝が効く。効き目がある。
利く—左手が利く。目が利く。機転が利く。

きる

切る—野菜を切る。期限を切る。電源を切る。縁を切る。
斬る—刀で斬（切）る。敵を斬（切）り殺す。世相を斬（切）る。

きわまる・きわめる

窮まる・窮める—進退窮まる。真理を窮（究）める。
極まる・極める—不都合極まる言動。山頂を極める。栄華を極める。見極める。極めて優秀な成績。
究める—学を究（窮）める。

こう

請う—許可を請（乞）う。紹介を請（乞）う。案内を請（乞）う。
乞う—乞う御期待。命乞いをする。雨乞いの儀式。慈悲を乞う。

こえる・こす

越える・越す—山を越える。峠を越す。年を越す。引っ越す。
超える・超す—現代を超（越）える。百万円を超（越）える額。一千万人を超（越）す人口。

こおる・こおり

凍る—湖水が凍る。土が凍る。
氷—氷が張った。氷をかく。氷砂糖。

こたえる

答える—質問に答える。正確に答える。
応える—期待に応える。時代の要請に応える。

こむ

混む—電車が混（込）む。混（込）み合う店内。人混（込）みを避ける。
込む—負けが込む。手の込んだ細工を施す。仕事が立て込む。

さがす

捜す—うちの中を捜す。犯人を捜す。
探す—空き家を探（捜）す。あらを探（捜）す。

さく

裂く—布を裂く。仲を裂く。引き裂く。
割く—時間を割く。紙面を割く。人手を割く。

さげる

下げる—値段を下げる。軒に下げる。
提げる—手に提げる。手提げかばん。

さす

差す—腰に刀を差す。傘を差す。差しつ差されつ。行司の差し違え。抜き差しならぬ。差し支え。差し出す。
指す—目的地を指して進む。名指しをする。指し示す。
刺す—人を刺す。布を刺す。本塁で刺される。とげが刺さる。

さます・さめる

覚ます・覚める—太平の眠りを覚ます。迷いを覚ます。目が覚める。寝覚めが悪い。
冷ます・冷める—湯冷まし。湯が冷める。料理が冷める。熱が冷める。

しずまる・しずめる

静まる・静める—心が静まる。あらしが静まる。気を静める。

鎮まる・鎮める—内乱が鎮まる。反乱を鎮める。痛みを鎮める。

沈める—船を沈める。

しぼる

絞る—手ぬぐいを絞る。絞り染め。

搾る—乳を搾る。搾り取る。

しまる・しめる

締まる・締める—ひもが締まる。引き締まった顔。帯を締める。ねじを締める。心を引き締める。申し込みの締め切り。

絞まる・絞める—首が絞まる。首を絞める。

閉まる・閉める—戸が閉まる。ふたを閉める。店を閉める。

すすめる

進める—前へ進める。時計を進める。交渉を進める。

勧める—入会を勧める。転地を勧める。

薦める—候補者として薦める。

する

刷る—名刺を刷る。刷り物。

擦る—転んでひざを擦りむく。擦り傷。洋服が擦り切れる。

そう

沿う—川沿いの道。線路に沿って歩く。

添う—連れ添う。付き添い。

そなえる・そなわる

備える・備わる—台風に備える。調度品を備える。必要品はすべて備わっている。人徳が備わる。

供える—お神酒《みき》を供える。お供え物。

たえる

堪える—任に堪える。鑑賞に堪えない。遺憾に堪えない。

耐える—重圧に耐（堪）える。風雪に耐（堪）える。欠乏に耐（堪）える。

たずねる

尋ねる—道を尋ねる。由来を尋ねる。尋ね人。

訪ねる—知人を訪ねる。史跡を訪ねる。明日お訪ねします。

たたかう

戦う—敵と戦う。

闘う—病魔と闘う。自然の猛威と闘う。

たつ

断つ—退路を断つ。快刀乱麻を断つ。茶断ち。

絶つ—命を絶つ。縁を絶つ。消息を絶つ。後を絶たない。

裁つ—生地を裁つ。紙を裁つ。裁ちばさみ。

たつ・たてる

立つ・立てる—演壇に立つ。席を立つ。使者に立つ。危機に立つ。見通しが立つ。うわさが立つ。立ち合う。柱を立てる。計画を立てる。手柄を立てる。顔を立てる。立て直す。

建つ・建てる—家が建つ。ビルを建てる。銅像を建てる。建て前。

たっとい・とうとい

尊い—尊い神。尊い犠牲を払う。

貴い—貴い資料。貴い経験。

たま

玉—玉にきず。目の玉。玉を磨く。

球—電気の球。球を投げる。

弾—ピストルの弾。

つかう

使う―機械を使う。重油を使う。

遣う―気遣う。心遣い。小遣い銭。仮名遣い。

つく・つける

付く・付ける―墨が顔に付く。味方に付く。利息が付く。名を付ける。気を付ける。条件を付ける。付け加える。

着く・着ける―席に着く。手紙が着く。東京に着く。船を岸に着ける。仕事に手を着ける。衣服を身に着ける。

就く・就ける―床に就く。職に就く。役に就ける。

つぐ

次ぐ―事件が相次ぐ。取り次ぐ。次の間。

継ぐ―布を継ぐ。跡を継ぐ。引き継ぐ。継ぎ目。継ぎを当てる。

接ぐ―木を接ぐ。骨を接ぐ。接ぎ木。

つくる

作る―米を作る。規則を作る。詩を作る。刺身に作る。生け作り。

造る―船を造る。庭園を造る。酒を造る。

創る―新しい文化を創（作）る。画期的な商品を創（作）り出す。

つつしむ

慎む―身を慎む。酒を慎む。言葉を慎む。

謹む―謹んで聞く。謹んで祝意を表する。

つとまる・つとめる

勤まる・勤める―私にはこの会社は勤まらない。彼にも十分勤（務）まる仕事だ。銀行に勤める。勤め人。

務まる・務める―彼には主役は務まらないだろう。会長が務まるかどうか不安だ。議長を務める。主役を務める。

努める―完成に努める。解決に努める。努めて早起きする。

とく・とける

解く・解ける―結び目を解く。包囲を解く。問題を解く。会長の任を解かれる。ひもが解ける。雪解け。疑いが解ける。

溶く・溶ける―絵の具を溶く。砂糖が水に溶ける。地域社会に溶け込む。

ととのう・ととのえる

整う・整える―整った文章。隊列を整える。身辺を整える。調子を整える。

調う・調える―嫁入り道具が調う。晴れ着を調える。味を調える。費用を調える。

とぶ

飛ぶ―鳥が空を飛ぶ。アフリカに飛ぶ。うわさが飛ぶ。海に飛び込む。家を飛び出す。

跳ぶ―溝を跳ぶ。三段跳び。跳びはねる。

とまる・とめる

止まる・止める―交通が止まる。水道が止まる。笑いが止まらない。息を止める。通行止め。

留まる・留める―小鳥が木の枝に留（止）まる。ボタンを留める。留め置く。書留。

泊まる・泊める―船が港に泊まる。宿直室に泊まる。友達を家に泊める。

とらえる

捕らえる—犯人を捕らえる。獲物の捕らえ方。

捉える—文章の要点を捉える。問題の捉え方が難しい。

とる

取る—手に取る。着物の汚れを取る。資格を取る。メモを取る。連絡を取る。年を取る。

採る—血を採る。高校の卒業生を採る。会議で決を採る。

執る—筆を執る。事務を執る。式を執り行う。

捕る—ねずみを捕る。生け捕る。捕り物。

撮る—写真を撮る。映画を撮る。

ない

無い—金が無い。無い物ねだり。

亡い—長老が亡くなる。この世に亡い人。

なおす・なおる

直す・直る—誤りを直す。機械を直す。服装を直す。故障を直す。ゆがみが直る。

治す・治る—風邪を治（直）す。けがが治（直）る。治（直）らない病気。

なか

中—箱の中。両者の中に入る。

仲—仲がいい。仲を取り持つ。

ながい

長い—長い髪の毛。長い道。気が長い。枝が長く伸びる。

永い—ついに永い眠りに就く。永の別れ。末永く契《ちぎ》る。

ならう

習う—先生にピアノを習う。見習う。

倣う—前例に倣う。

におい・におう

匂い・匂う—梅の花の匂い。香水がほのかに匂う。

臭い・臭う—魚の腐った臭い。生ごみが臭う。

のせる・のる

乗せる・乗る—母を飛行機に乗せて帰す。電波に乗せる。計略に乗せる。電車に乗る。馬に乗る。風に乗って飛ぶ。時流に乗る。相談に乗る。

載せる・載る—自動車に貨物を載せる。棚に本を載せる。雑誌に広告を載せる。机に載っている辞典。新聞に載った事件。

のばす・のびる・のべる

伸ばす・伸びる・伸べる—手足を伸ばす。勢力を伸ばす。草が伸びる。身長が伸びる。学力が伸びる。伸び伸びと育つ。手を伸べて助け起こす。救いの手を伸べる。

延ばす・延びる・延べる—出発を延ばす。開会を延ばす。地下鉄が郊外まで延びる。寿命が延びる。支払いが延び延びになる。出発の期日を延べる。布団《ふとん》を延べる。金の延べ棒。

のぼる

上る—水銀柱が上る。損害が一億円に上る。川を上る。坂を上る。上り列車。

登る—山に登る。木に登る。演壇に登る。

昇る—日が昇（上）る。天に昇（上）る。

はえ・はえる

映え・映える—夕映え。紅葉が夕日に映える。

栄え・栄える—栄えある勝利。見事な出来栄え。見栄えがする。

はかる

図る—合理化を図る。解決を図る。便宜を図る。

計る—時間を計る。計り知れない恩恵。まんまと計られる。

測る—水深を測る。標高を測る。距離を測る。面積を測る。

量る—目方を量る。升で量る。容積を量る。

謀る—暗殺を謀る。悪事を謀る。

諮る—審議会に諮る。

はじまる・はじめ・はじめて・はじめる

初め・初めて—初めこう思った。初めての経験。

始まる・始め・始める—会が始まる。始めと終わり。御用始め。仕事を始める。

はな

花—花も実もない。花の都。花形。

華—華やか。華々しい。

はなす・はなれる

離す・離れる—間を離す。駅から遠く離れた町。離れ島。職を離れる。離れ離れになる。

放す・放れる—鳥を放す。見放す。放し飼い。放れ馬。

はやい・はやまる・はやめる

早い・早まる・早める—時期が早い。気が早い。早く起きる。早変わり。早口。矢継ぎ早。出発時間が早まる。順番が早まる。早まった行動。開会の時刻を早める。

速い・速まる・速める—流れが速い。投手の球が速い。頭の回転が速い。車の速さ。回転のスピードが速まる。脈拍が速まる。足を速める。

はる

張る…氷が張る。テントを張る。策略を張り巡らす。張りのある声。

貼る…ポスターを貼る。切手を貼り付ける。タイル貼（張）りの壁。

ひ

火—火が燃える。火に掛ける。火を見るより明らか。

灯—灯がともる。遠くに町の灯が見える。

ひく

引く—綱を引く。線を引く。例を引く。車を引く。

弾く—ピアノを弾く。ショパンの曲を弾く。

ふえる・ふやす

殖える・殖やす—財産が殖える。財産を殖やす。

増える・増やす—人数が増える。水かさが増える。人数を増やす。

ふく

吹く—風が吹く。笛を吹く。

噴く—火を噴き出す。火山が煙を噴く。

ふける

更ける—夜が更ける。秋が更ける。

老ける―老けて見える。老け込む。

ふね

舟―舟をこぐ。小舟。ささ舟。

船―船の甲板。船で帰国する。船旅。

ふるう

振るう―士気が振るう。事業が振るわない。刀を振るう。

震う―声を震わせる。身震い。武者震い。

奮う―勇気を奮って立ち向かう。奮って参加する。奮い立つ。

ほか

外―思いの外に到着が早かった。想像の外の事件が起こる。

他―この他に用意するものはあるか。他の人にも尋ねる。

まざる・まじる・まぜる

交ざる・交じる・交ぜる―麻が交ざる。漢字仮名交じり文。交ぜ織り。

混ざる・混じる・混ぜる―水が混ざる。異物が混じる。雑音が混じる。砂を混ぜる。絵の具を混ぜる。

まち

町―町と村。町ぐるみの歓迎。町役場。下町。

街―街を吹く風。学生の街。街の明かり。

まるい

丸い―背中が丸くなる。丸く治める。丸ごと。丸太。日の丸。

円い―円（丸）い窓。円（丸）く輪になる。

まわり

回り―身の回り。胴回り。

周り―学校の周り。周りの人。

みる

見る―遠くの景色を見る。エンジンの調子を見る。面倒を見る。

診る―患者を診る。脈を診る。

もと

下―法の下に平等。一撃の下に倒した。

元―火の元。出版元。元が掛かる。

本―本を正す。本と末。

基―資料を基にする。基づく。

や

屋―屋根。酒屋。屋敷。

家―二階家。家主。家賃。

やぶる・やぶれる

破る・破れる―約束を破る。障子が破れる。平和が破れる。

敗れる―競技に敗れる。勝負に敗れる。

やわらかい・やわらかだ

柔らかい・柔らかだ―柔らかい毛布。身のこなしが柔らかだ。もの柔らかな態度。

軟らかい・軟らかだ―表情が軟（柔）らかい。軟（柔）らかな土。

よい

良い―品質が良い。成績が良い。手際《てぎわ》が良い。

善い―善い行い。世の中のために善いことをする。

よむ

読む―本を読む。字を読む。人の心を読む。秒読み。

詠む―和歌を詠む。一首詠む。

わかれる

分かれる―二つに分かれる。意見が分かれる。勝敗の分かれ目。

別れる―両親と別れる。友人と駅で別れる。家族と別れて住む。

わく

沸く―湯が沸く。風呂が沸く。すばらしい演技に場内が沸く。

湧く―温泉が湧く。勇気が湧く。盛大な拍手が湧(沸)く。

わざ

業―至難の業。離れ業。軽業。

技―柔道の技。技を磨く。

わずらう・わずらわす

煩う・煩わす―思い煩う。人手を煩わす。心を煩わす。

患う―胸を患う。三年ほど患う。

字形が似ている漢字の使い分け

主として常用漢字の中で、字形が似ていて間違えやすいものを集め、漢字のおおよその意味と用例を掲げた。

イ・ケン

【遺】（イ・ユイ）のこす。のこる。
遺跡・後遺症・遺言《ゆいごん》

【遣】（ケン）使いとして出す。
派遣・分遣・遣唐使

エン・ロク・リョク

【縁】へり。家の外側の板敷。よい結果を生む作用。かかわりあい。人と人とのつながり。
外縁・縁側・因縁・縁起・縁故・縁日・血縁・縁談・離縁

【録】書き記す。うつしとる。書きもの。
記録・登録・録画・録音・実録・目録・備忘録

【緑】みどり色。茂った草木。
緑茶・緑陰・新緑・緑青《ろくしょう》

エン・テイ

【延】のばす。のびる。
延長・延期・順延

【廷】政治を行うところ。裁判をするところ。
朝廷・法廷

カ

【渦】うず。
渦中・渦巻《うずまき》・渦潮《うずしお》

【禍】わざわい。
災禍・禍根・禍福

【過】すぎる。度がすぎる。あやまち。つみ。
過去・経過・過失

カイ

【懐】ふところ。心に思うこと。なつかしく思う。手なづける。
懐中・懐炉・懐疑・述懐・懐古・懐旧・懐柔

【壊】こわす。こわれる。くずす。くずれる。
破壊・壊滅・損壊・壊死《えし》

ガイ

【慨】いきどおる。なげく。
憤慨・慨嘆・感慨

【概】大体のところ。様子。
概説・概念・大概・概して・気概

カク

【獲】動物を捕らえる。手に入れる。
捕獲・乱獲・獲得

【穫】植物を刈り取る。取り入れる。
収穫

カク・コク

【殻】（カク・から）表面の固いから。
卵殻・地殻・貝殻《かいがら》

【穀】（コク）実を食べる植物。
穀物・米穀・五穀・雑穀

カツ

【活】生きる。勢いよく動く。
生活・活動・活用・活力

【括】しめくくる。まとめる。
一括・総括・括弧

カツ・ケイ

【渇】のどがかわく。水がなくなる。

渇望・渇水・枯渇

【喝】大声をあげる。大声でおどす。
喝采・喝破・恐喝・一喝

【掲】高くあげる。
掲示・掲揚・掲載・前掲

カン

【観】見る。見せる。見た目。見解。見方。
参観・観光・展観・観兵式・外観・壮観・楽観・価値観

【勧】すすめる。はげます。
勧誘・勧告・勧奨

【歓】よろこぶ。
歓声・歓迎・交歓

カン

【監】見張る。取り締まる。そういう役目。ろうや。
監視・監督・舎監・監房・未決監

【鑑】かがみ。手本。見きわめる。
図鑑・鑑賞・鑑定・印鑑

【艦】いくさをする船。
軍艦・艦隊・艦長

キ・ボウ

【忌】きらいさける。喪中でつつしむ期間。死者の命日。
忌避・忌中・三回忌

【忘】わすれる。
忘却・忘我・備忘録

ケン

【険】けわしい。あぶない。腹黒い。
険路・危険・保険・冒険・陰険

【検】取り調べる。取り締まる。
検査・点検・検挙・検束

【倹】節約する。
倹約・節倹・勤倹

【験】しるし。調べる。こころみ。
効験・実験・試験・霊験《れいげん》

【剣】武器の一つ。
剣道・剣術・真剣勝負

コ

【孤】ただ一人である。同類がない。
孤立・孤独・孤島・孤高

【弧】弓のような形。
括弧・円弧・弧状

ゴ

【誤】間違える。あやまる。
誤解・正誤表・誤答

【娯】たのしむ。
娯楽

コウ

【考】考える。考え調べたことを述べる。
思考・考慮・参考・考究・論考

【孝】父母につかえる。父母を大事にする。
孝行・不孝・忠孝・孝養

コウ

【侯】封建時代の地域の支配者。
王侯貴族

【候】うかがう。つかえる。待ち迎える。しるし。季節。
斥候・伺候・候補・徴候・天候・気候・時候・候鳥

コウ

【講】述べる。習う。仲直りする。
講話・講義・講習・講和

【構】組み合わせて作る。かまえ。かこい。
構造・構築・構成・虚構・構内・機

構

【購】買う。
購入・購買

【溝】みぞ。用水路。
溝渠《こうきょ》・排水溝・海溝

コウ・モウ

【綱】つな。根本のきまり。
要綱・大綱・綱領

【鋼】きたえた鉄。はがね。
鋼鉄・鋼材・製鋼

【網】あみ。あみの目のような組織。
魚網・法網・網羅・鉄条網・連絡網・通信網

コン

【墾】荒れ地をたがやし開く。
開墾

【懇】ねんごろ。親しい。
懇意・懇切・懇談・昵懇《じっこん》

サイ・ザイ・セイ

【済】すむ。すます。救う。助ける。そろって盛んである。
決済・返済・救済・経済・多士済済《たしせいせい》

【斉】（セイ）そろう。そろえる。ととのう。
一斉・斉唱・均斉・修身斉家

【斎】神仏を祭るとき、身体を清く保つ。仏事のときの食事。ものいみのときこもる部屋。

斎戒沐浴《さいかいもくよく》・精進潔斎《しょうじんけっさい》・斎食・書斎

【剤】薬を調合する。調合した薬。
調剤・配剤・薬剤・強心剤

サイ

【裁】さばく。布を形に切る。かたち。
裁判・裁決・裁量・制裁・決裁・裁縫・裁断・和裁・体裁

【栽】植える。植えたところ。
栽培・植栽・盆栽・前栽《せんざい》

シ・ニン

【仕】つかえる。官職に就く。
仕官・出仕・奉仕・給仕・仕事

【任】まかせる。役につける。役目。自由にさせる。
任命・主任・責任・辞任・放任・任意

ジュク・ネツ

【熟】よく煮る。よく実る。よくなれる。十分にする。
半熟・成熟・早熟・熟柿《じゅくし》・円熟・習熟・熟練・熟読

【熱】あつい。温度を上げる力。体温。集中する。
熱帯・焦熱・加熱・耐熱・熱量・平熱・発熱・高熱・熱心・熱中・熱演

ショ

【緒】細いひも。いとぐち。はじめ。はし。
緒言・緒戦・端緒・一緒

【諸】もろもろ。多くの。
諸国・諸般・諸問題

ジョ

【徐】ゆっくり。静か。
徐行・徐々に

【除】のぞく。捨て去る。割り算。
除外・排除・除去・控除・除法・加減乗除・掃除《そうじ》

ジョウ

【壌】こえた土。大地。
土壌・天壌無窮

【嬢】 未婚の女。むすめ。
令嬢・愛嬢・お嬢様

【醸】 酒をつくる。
醸造・醸成・吟醸

【譲】 ひかえめにする。ゆずる。
謙譲・譲歩・譲位・譲渡・分譲・禅譲

ショク

【植】 草木をうえる。開拓のため人を移住させる。活字を版に組む。
植樹・植物・移植・植民・入植・植字・誤植

【殖】 ふえる。ふやす。開拓のため移住させる。
生殖・養殖・殖産・学殖・拓殖

シン

【侵】 おかす。他人の領分に入り込む。
侵攻・侵略・侵入・侵害・不可侵

【浸】 ひたす。ひたる。しみこむ。
浸水・浸潤・浸透

スイ

【吹】 ふく。吹き鳴らす。
吹奏楽・鼓吹・吹聴《ふいちょう》

【炊】 煮たきする。
炊事・炊飯・自炊・雑炊

スイ・アイ・チュウ

【衰】 おとろえる。
衰退・衰弱・老衰・盛衰

【哀】 あわれむ。苦しい気持ちを表す。
哀悼・悲哀・哀歌・哀願・哀訴

【衷】 かたよらない。まごころ。
折衷・衷心・苦衷

スイ・わく

【粋】 まじりけがない。すぐれたもの。人情に通じ物分かりがよい。
純粋・生粋《きっすい》・抜粋・粋人・無粋

【枠】 わく。周りの骨組み。
外枠・枠組み

スイ・チク

【遂】 やりとげる。
遂行・完遂・未遂

【逐】 追い払う。追いかける。順を追う。
放逐・駆逐・角逐・逐電・逐一・逐次・逐語訳

ズイ

【随】 したがう。思いどおりになる。
随行・随伴・追随・随意・随筆

【髄】 骨の中の成分。中枢神経。中心。
骨髄・脊髄・脳髄・真髄・精髄

セイ

【姓】 一族。氏《うじ》。苗字《みょうじ》。
姓名・旧姓・百姓《ひゃくしょう》

【性】 うまれつき。物事の傾向。男女・雌雄の区別。
性質・性格・天性・根性《こんじょう》

【牲】 いけにえ。
犠牲

セイ・ジョウ

【清】 すんでいる。きよらか。さっぱりしている。きれいにする。
清流・百年河清をまつ・清酒・清純・清貧・清浄・清涼・清書・清算・粛清

【晴】 空が晴れる。
晴天・快晴・晴雨

【精】 米をついて白くする。こまかい。まじりけがない。元気。たましい。
精米・精白・精読・精通・精鋭・精

髄・酒精・精勤・精神・精霊・妖精・精進《しょうじん》

【請】 願い求める。
請求・申請・請願・懇請・勧請《かんじょう》・普《ふ》請《しん》

【情】 心の動き。気持ち。なさけ。ありさま。あじわい。
感情・情熱・情緒・同情・薄情・人情・情事・強情・情況・事情・情趣・旅情・風情《ふぜい》

セキ

【績】 つむぐ。しごと。
紡績・事績・業績・実績・成績・功績

【積】 つむ。つもる。広さ。大きさ。
積載・累積・蓄積・堆積・面積・体積

ソ

【祖】 親の前の代。物事を始めた人。
祖父・祖母・祖国・祖先・元祖・開祖

【租】 年貢。税金。借りる。
租税・地租・租借・租界

【粗】 あらい。雑である。いいかげんだ。
粗雑・粗食・粗茶

【組】 組みひも。組み立てる。編成する。
組織・組閣・改組

【阻】 山が険しい。へだてる。はばむ。
険阻・阻害・阻止・阻隔

ソウ

【挿】 さしはさむ。さし入れる。
挿話・挿入

【捜】 さがす。さぐる。
捜査・捜索

ソウ

【燥】 かわく。
乾燥・焦燥

【操】 あやつる。みさお。
操舵《そうだ》・操縦・操業・体操・節操・貞操

ソウ・ゾウ

【僧】 仏教の僧。
僧侶・尼僧《にそう》

【増】 ふえる。ます。
増加・増大・増産・倍増・増減

【憎】 にくむ。
憎悪《ぞうお》・愛憎

【贈】 おくる。
贈与・贈呈・寄贈

ソク

【則】 きまり。のっとる。
法則・規則・反則・則天去私

【測】 はかる。おしはかる。
測定・測量・観測・推測・憶測

【側】 かたわら。そば。そばだてる。
側面・側近・側室・側壁・側目・側聞

ソツ

【卒】 下級の兵士。突然。おわる。
兵卒・弱卒・卒然・卒倒・卒去・卒業

【率】 ひきいる。あわただしい。かざりけがない。わりあい。
引率・統率・率先・軽率・率直・確《かく》率《りつ》・能率《のうりつ》

ダイ・バツ

【代】 かわる。ひきかえ。あたい。時期。

代理・代金・地代・世代・時代・交《こう》代《たい》

【伐】木を切る。敵を討つ。
伐採・乱伐・征伐・討伐

タク・ヤク・ヨウ

【濯】洗い清める。
洗濯

【躍】おどりあがる。勢いよく動く。
活躍・躍進・躍動

【曜】週の中の日。
曜日

チョウ

【挑】いどむ。しかける。
挑戦・挑発

【眺】ながめる。
眺望

【跳】とぶ。はねる。
跳躍・跳梁《ちょうりょう》・跳馬

チョウ

【張】はり広げる。言いはる。
拡張・張力・緊張・主張・誇張

【帳】とばり。書き込み用の冊子。
几《き》帳《ちょう》・帳面・記帳・帳簿

トウ

【謄】うつす。
謄本・謄写版

【騰】高く上がる。
騰貴・高騰・沸騰

ドン・ヒン

【貪】むさぼる。欲深い。
貪欲・貪婪《どんらん》・慳貪《けんどん》

【貧】まずしい。とぼしい。
貧富・貧困・貧窮・赤貧・貧血・貧弱・貧相・貧乏《びんぼう》

ノウ

【脳】頭の中の神経の中枢部。頭の働き。主な人。
大脳・脳髄・脳腫瘍・脳裏・洗脳・首脳

【悩】なやむ。
苦悩・悩殺・煩悩《ぼんのう》

ハ

【波】なみ。波のような動き。
波動・電波・音波・脳波・波止場

【破】やぶる・やぶれる。だめになる。相手を負かす。きまりからはずれる。突き抜ける。
破壊・破棄・破談・破産・論破・撃破・破格・破戒・破門・突破・読破

ハイ

【俳】芸をする人。たわむれ。
俳優・俳句・俳諧

【排】押し開く。押しのける。押し出す。並べる。
排除・排斥・排水・排泄《はいせつ》・排列

バイ

【倍】同じ数を合わせる。同じ数を何回か加える。
倍加・倍増・倍旧・倍率・倍数

【陪】つきそう。
陪席・陪審

【賠】つぐなう。
賠償

【培】草木を養い育てる。
培養・栽培

ハク

【拍】手で打つ。音楽のリズム。
拍手・拍車・拍子《ひょうし》

【伯】父母の兄、姉。一芸に長ずる人。
画伯・伯父《おじ》・伯母《おば》

【泊】とめる・とまる。
宿泊・外泊・停泊

【舶】大型の船。
船舶・舶来

ハン

【板】いた。ひらたい。
合板・鉄板・看板《かんばん》・平板《へいばん》

【版】文字を書く板。印刷のために字や絵を彫る板。印刷して本を作る。
活版・版画・出版・版権

【販】あきなう。
販売・市販・販路

【坂】さか。
登坂・急坂

ハン

【伴】ともなう。
同伴・伴侶・伴奏《ばんそう》

【畔】田のあぜ。水のほとり。
湖畔・河畔

【判】見分ける。さばき。しるし。明らか。
判断・判定・判別・公判・判例・血判・判明・判然・裁判《さいばん》

ハン

【般】めぐる。同等の事柄。
先般・過般・一般・諸般

【搬】はこぶ。
運搬・搬入

ハン・ヒン

【煩】わずらわしい。なやむ。
煩瑣《はんさ》・煩雑・煩悶《はんもん》・煩悩《ぼんのう》

【頒】分け与える。
頒布・頒価

【頻】しきり。
頻繁・頻発・頻度

ヒ

【披】ひらく。ひろめる。
披露・披瀝《ひれき》

【被】おおう。着る。こうむる。
被覆・被膜・被服・被害・被災

ヒ・ヒツ

【秘】かくす。奥深い。通じが悪い。
秘密・秘策・秘書・極秘・神秘・便秘

【泌】液体がしみ出る。
分泌・泌尿器

フク

【福】さいわい。
幸福・福音・祝福

【副】主なものにつき添って補助となる。付け加わる。
副業・副産物・副作用

【幅】はば。
幅員・振幅・全幅・恰幅《かっぷく》

フク

【複】かさねる。ふたたびする。
複線・複数・複雑・複写・複製

【腹】身体のはら。中ほど。心の中。ふところ。
腹部・空腹・山腹・中腹・腹案・立腹・私腹・船腹

【復】もとにもどる。仕返しする。こたえる。くり返す。
復元・復活・回復・復旧・往復・報復・復命・拝復

フン

【粉】こな。こなにする。

粉末・花粉・製粉・粉砕・粉骨砕身・粉飾

【紛】 入り乱れる。まぎれる。まぎらわしい。

紛争・紛糾・内紛・紛失

フン

【噴】 ふきだす。

噴出・噴火・噴水・噴射・噴霧器

【憤】 強く怒る。ふるい立つ。

憤慨・痛憤・発憤

【墳】 土を盛った墓。

墳墓・古墳

ヘイ

【幣】 神前に供える布、紙。通貨。おさつ。

御幣・貨幣・紙幣

【弊】 破れる。疲れる。よくない。謙遜の接頭語。

弊衣破帽・疲弊・弊害・旧弊・語弊・弊社・弊店

ヘン

【編】 あむ。書きつづる。組み合わせる。

編集・編成・編入・編曲

【偏】 かたよる。

偏向・偏見・不偏

【遍】 広くいきわたる。

普遍・遍歴

ホ

【捕】 とらえる。

逮捕・捕縛・捕獲・捕鯨

【補】 おぎなう。たすける。

補欠・補充・増補・補助・補聴器・候補・警部補

【舗】 みせ。しき並べる。

店舗・舗装・舗道

ボ

【募】 広く求め集める。

募集・募金・公募・応募

【慕】 したう。思いを寄せる。

思慕・敬慕・恋慕・慕情

【墓】 はか。

墓地・墓所・墳墓・墓穴

【暮】 日暮れ。季節の終わり。

薄暮・暮色・歳暮・暮春

ボウ

【坊】 僧。僧の住居。男の幼児。人を親しんで呼ぶ語。

坊主《ぼうず》・僧坊・宿坊・風来坊・朝寝坊

【妨】 さまたげる。じゃまする。

妨害

【防】 つつみ。ふせぐ。

堤防・防衛・防水・消防・防御

【紡】 つむぐ。

紡績・混紡

【肪】 肉のあぶら。

脂肪

ボク

【僕】 他人に使われる男。男が自分を言う語。

僕・公僕

【撲】 なぐる。

打撲・撲殺

マ

【麻】 植物のアサ。しびれる。

大麻・胡麻《ごま》・麻痺《まひ》・麻酔・麻薬

【摩】 こする。みがく。とどく。

摩擦・按摩《あんま》・研摩・摩天楼

【磨】 みがく。すりへらす。

研磨・切磋《せっさ》琢磨《たくま》・磨滅

マツ

【末】すえ。最後。つまらないもの。細かい粉。
始末・期末・末尾・末席・末裔《まつえい》・末流・末寺・瑣末《さまつ》・粗末・枝葉末節《しようまっせつ》・粉末

【抹】なでる。ぬり消す。粉にする。
塗抹・一抹・抹消・抹殺・抹茶・抹香

マン

【漫】ひろがる。とりとめがない。
漫漫・爛漫《らんまん》・散漫・漫然・漫談・漫画

【慢】おこたる。おごりたかぶる。ゆるやか。
怠慢・自慢・慢心・傲慢・緩慢・慢性

ユ・リン・ロン

【愉】たのしい。
愉快・愉悦

【喩】たとえる。
比喩・引喩・隠喩

【輸】はこぶ。
輸送・運輸・輸血

【輪】車の輪。くるま。物のまわり。回る。花の大きさ。
車輪・年輪・競輪・輪禍・駐輪・輪郭・輪番・輪廻《りんね》・大輪

【倫】人として守るべきみち。
倫理・人倫・不倫

【論】筋道立てて述べる。言い争う。意見。
議論・理論・論証・口論・激論・試論・私論・正論・唯物論

レツ

【烈】はげしい。節操が固くて、強く正しい。
烈火・激烈・猛烈・烈士・忠烈

【裂】さく。さける。
破裂・決裂・亀裂

レン

【練】ねる。きたえる。上手になる。
練習・訓練・修練・熟練・練達

【錬】ねりきたえる。
鍛錬・精錬・錬金術・錬磨・錬成・修錬

常用漢字表

●この表は、「常用漢字表」（平成二十二年内閣告示）を、五十音順に配列したものである。
●複数の書き方が通用している漢字については、（ ）を用いて二通りの字形を示す。どちらの字形で書いてもよい。ただし、「遡」「遜」「謎」は、（ ）の中の字形で書くのが普通である。
●漢字の下の片仮名は音、平仮名は訓（太字は送り仮名）を示す。
（ ）は小、中学校では学習しなくてもよい音訓を示す。
—は、特別な音訓、用法のごく狭い音訓を示す。

＊小学校国語科用教科書『新編　新しい国語　六上』東京書籍刊より

あ

亜　ア
哀　アイ　あわれ　あわれむ
挨　アイ
愛　アイ
曖　アイ
悪　アク　（オ）　わるい
握　アク　にぎる
圧　アツ
扱　あつかう
宛　あてる
嵐　あらし
安　アン　やすい
案　アン
暗　アン　くらい

い

以　イ
衣　イ　●ころも
位　イ　くらい
囲　イ　かこむ　かこう
医　イ
依　イ　（エ）
委　イ　ゆだねる
威　イ
為　イ
畏　イ　おそれる
胃　イ
尉　イ
異　イ　こと
移　イ　うつる　うつす
萎　イ　なえる
偉　イ　えらい
椅　イ
（彙）彙　イ
意　イ
違　イ　ちがう　ちがえる
維　イ
慰　イ　なぐさめる　なぐさむ
遺　イ　●ユイ
緯　イ
域　イキ
育　イク　そだつ　そだてる　はぐくむ
一　イチ　イツ　ひと　ひとつ
壱　イチ
逸　イツ
（茨）茨　いばら
芋　いも
引　イン　ひく　ひける
印　イン　しるし
因　イン　（よる）
咽　イン
姻　イン
員　イン
院　イン
（淫）淫　イン　（みだら）
陰　イン　かげ　かげる
飲　イン　のむ
隠　イン　かくす　かくれる
韻　イン

う

右　ウ　ユウ　みぎ
宇　ウ
羽　●ウ　は　はね
雨　ウ　あめ　あま
唄　うた
鬱　ウツ
畝　うね
浦　うら
運　ウン　はこぶ
雲　ウン　くも

え

永　エイ　ながい
泳　エイ　およぐ
英　エイ
映　エイ　うつる　うつす　●はえる
栄　エイ　さかえる　（はえ）　（はえる）
営　エイ　いとなむ
詠　エイ　（よむ）
影　エイ　かげ
鋭　エイ　するどい
衛　エイ
易　エキ　イ　やさしい
疫　エキ　（ヤク）
益　エキ　（ヤク）
液　エキ
駅　エキ
悦　エツ
越　エツ　こす　こえる
謁　エツ
閲　エツ
円　エン　まるい
延　エン　のびる　のべる　のばす
沿　エン　そう
炎　エン　ほのお
怨　（エン）　オン
宴　エン
媛　エン
援　エン
園　エン　●その
煙　エン　けむる　けむり　けむい
猿　エン　さる
遠　エン　（オン）　とおい
鉛　エン　なまり
塩　エン　しお
演　エン
縁　エン　ふち
艶　（エン）　つや

お

汚　オ　（けがす）　（けがれる）　（けがらわしい）　よごす　よごれる　きたない
王　オウ
凹　オウ
央　オウ
応　オウ　こたえる
往　オウ
押　（オウ）　おす　おさえる
旺　オウ
欧　オウ
殴　（オウ）　なぐる
桜　（オウ）　さくら
翁　オウ
奥　（オウ）　おく
横　オウ　よこ
岡　おか
屋　オク　や
億　オク
憶　オク
臆　オク
虞　おそれ
乙　オツ
俺　おれ
卸　おろす　おろし

音 オン ●イン おと ね
恩 オン
温 オン あたたか あたたかい あたたまる あたためる
穏 オン おだやか

か

下 カ ゲ した しも ●もと さげる さがる くだる くだす くださる おろす おりる
化 カ ●ケ ばける ばかす
火 カ ひ (ほ)
加 カ くわえる くわわる
可 カ
仮 カ ●ケ かり
何 ●カ なに なん
花 カ はな
佳 カ
価 カ (あたい)
果 カ はたす はてる はて
河 カ かわ
苛 カ
科 カ
架 カ かける かかる
夏 カ ●ゲ なつ

家 カ ケ いえ や
荷 ●カ に
華 カ (ケ) はな
菓 カ
貨 カ
渦 (カ) うず
過 カ すぎる すごす (あやまつ) (あやまち)
嫁 (カ) よめ とつぐ
暇 カ ひま
禍 カ
靴 (カ) くつ
寡 カ
歌 カ うた うたう
箇 カ
稼 (カ) かせぐ
課 カ
蚊 か
牙 (ガ) ゲ きば
瓦 (ガ) かわら
我 ●ガ われ ●わ
画 ガ カク
芽 ガ め
賀 ガ

雅 ガ
餓 ガ
介 カイ
回 カイ (エ) まわる まわす
灰 ●カイ はい
会 カイ (エ) あう
快 カイ こころよい
戒 カイ いましめる
改 カイ あらためる あらたまる
怪 カイ あやしい あやしむ
拐 カイ
悔 カイ くいる くやむ くやしい
海 カイ うみ
界 カイ
皆 カイ みな
械 カイ
絵 カイ エ
開 カイ ひらく ひらける あく あける
階 カイ
塊 カイ かたまり
楷 カイ

解 カイ (ゲ) とく とかす とける
潰 カイ つぶす つぶれる
壊 カイ こわす こわれる
懐 カイ (ふところ) (なつかしい) (なつかしむ) (なつく) (なつける)
諧 カイ
貝 かい
外 ガイ ●ゲ そと ほか はずす はずれる
劾 ガイ
害 ガイ
崖 ガイ がけ
涯 ガイ
街 ガイ ●カイ まち
慨 ガイ
蓋 ガイ ふた
該 ガイ
概 ガイ
骸 ガイ
垣 かき
柿 かき
各 カク (おのおの)

角 カク かど つの
拡 カク
革 カク ●かわ
格 カク (コウ)
核 カク
殻 カク から
郭 カク
覚 カク おぼえる さます さめる
較 カク
隔 カク へだてる へだたる
閣 カク
確 カク たしか たしかめる
獲 カク える
嚇 カク
穫 カク
学 ガク まなぶ
岳 ガク たけ
楽 ガク ラク たのしい たのしむ
額 ガク ひたい
顎 ガク あご
掛 かける かかる かかり
潟 かた
括 カツ

活 カツ
喝 カツ
渇 (カツ) かわく
割 ●カツ わる わり われる ●さく
葛(葛) カツ (くず)
滑 カツ コツ すべる なめらか
褐 カツ
轄 カツ
且 かつ
株 かぶ
釜 かま
鎌 かま
刈 かる
干 カン ほす ●ひる
刊 カン
甘 カン あまい あまえる あまやかす
汗 カン あせ
缶 カン
完 カン
肝 カン きも
官 カン
冠 カン かんむり

巻 カン まく まき
看 カン
陥 カン おちいる (おとしいれる)
乾 カン かわく かわかす
勘 カン
患 カン (わずらう)
貫 カン つらぬく
寒 カン さむい
喚 カン
堪 (カン) たえる
換 カン かえる かわる
敢 カン
棺 カン
款 カン
間 カン ケン あいだ ま
閑 カン
勧 カン すすめる
寛 カン
幹 カン みき
感 カン
漢 カン
慣 カン なれる ならす
管 カン くだ

関 カン せき かかわる
歓 カン
監 カン
緩 カン ゆるい ゆるやか ゆるむ ゆるめる
憾 カン
還 カン
館 カン やかた
環 カン
簡 カン
観 カン
韓 カン
艦 カン
鑑 カン (かんがみる)
丸 ガン まる まるい まるめる
含 ガン ふくむ ふくめる
岸 ガン きし
岩 ガン いわ
玩 ガン
眼 ガン (ゲン) ●まなこ
頑 ガン
顔 ガン かお
願 ガン ねがう

き

企 キ くわだてる
伎 キ
危 キ あぶない ●あやうい ●あやぶむ
机 ●キ つくえ
気 キ ケ
岐 キ
希 キ
忌 キ (いむ) (いまわしい)
汽 キ
奇 キ
祈 キ いのる
季 キ
紀 キ
軌 キ
既 キ すでに
記 キ しるす
起 キ おきる おこる おこす
飢 キ うえる
鬼 キ おに
帰 キ かえる かえす
基 キ ●もと (もとい)

寄 キ よる よせる
規 キ
亀 キ かめ
喜 キ よろこぶ
幾 キ いく
揮 キ
期 キ (ゴ)
棋 キ
貴 キ ●たっとい ●とうとい ●たっとぶ ●とうとぶ
棄 キ
毀 キ
旗 キ はた
器 キ ●うつわ
畿 キ
輝 キ かがやく
機 キ ●はた
騎 キ
技 ギ ●わざ
宜 ギ
偽 ギ いつわる (にせ)
欺 ギ あざむく
義 ギ
疑 ギ うたがう

儀　ギ
戯　ギ　(たわむれる)
擬　ギ
犠　ギ
議　ギ
菊　キク
吉　キチ　キツ
喫　キツ
詰　(キツ)　つめる　つまる　つむ
却　キャク
客　キャク　●カク
脚　キャク　(キャ)　あし
逆　ギャク　さか　さからう
虐　ギャク　(しいたげる)
九　キュウ　ク　ここの　ここのつ
久　キュウ　(ク)　ひさしい
及　キュウ　およぶ　および　およぼす
弓　●キュウ　ゆみ
丘　キュウ　おか
旧　キュウ
休　キュウ　やすむ　やすまる　やすめる
吸　キュウ　すう

朽　キュウ　くちる
臼　キュウ　うす
求　キュウ　もとめる
究　キュウ　●きわめる
泣　●キュウ　なく
急　キュウ　いそぐ
級　キュウ
糾　キュウ
宮　キュウ　●グウ　(ク)　みや
救　キュウ　すくう
球　キュウ　たま
給　キュウ
嗅　キュウ　かぐ
(嗅)
窮　キュウ　(きわめる)　(きわまる)
牛　ギュウ　うし
去　キョ　コ　さる
巨　キョ
居　キョ　いる
拒　キョ　こばむ
拠　キョ　コ
挙　キョ　あげる　あがる
虚　キョ　(コ)
許　キョ　ゆるす

距　キョ
魚　ギョ　うお　さかな
御　ギョ　ゴ　おん
漁　ギョ　リョウ
凶　キョウ
共　キョウ　とも
叫　キョウ　さけぶ
狂　キョウ　くるう　くるおしい
京　キョウ　●ケイ
享　キョウ
供　キョウ　(ク)　そなえる　とも
協　キョウ
況　キョウ
峡　キョウ
挟　(キョウ)　はさむ　はさまる
狭　(キョウ)　せまい　せばめる　せばまる
恐　キョウ　おそれる　おそろしい
恭　キョウ　(うやうやしい)
胸　キョウ　むね　●むな
脅　キョウ　(おびやかす)　おどす　おどかす
強　キョウ　●ゴウ　つよい　つよまる　つよめる　●しいる

教　キョウ　おしえる　おそわる
郷　キョウ　●ゴウ
境　キョウ　●ケイ　さかい
橋　キョウ　はし
矯　キョウ　(ためる)
鏡　キョウ　かがみ
競　キョウ　ケイ　●きそう　(せる)
響　キョウ　ひびく
驚　キョウ　おどろく　おどろかす
仰　ギョウ　コウ　あおぐ　(おおせ)
暁　(ギョウ)　あかつき
業　ギョウ　(ゴウ)　●わざ
凝　ギョウ　こる　こらす
曲　キョク　まがる　まげる
局　キョク
極　キョク　●ゴク　●きわめる　●きわまる　●きわみ
玉　ギョク　たま
巾　キン
斤　キン
均　キン
近　キン　ちかい
金　キン　コン　かね　かな

菌　キン
勤　キン　(ゴン)　つとめる　つとまる
琴　キン　こと
筋　キン　すじ
僅　キン　わずか
(僅)
禁　キン
緊　キン
錦　キン　にしき
謹　キン　つつしむ
襟　(キン)　えり
吟　ギン
銀　ギン

く

区　ク
句　ク
苦　ク　くるしい　くるしむ　くるしめる　にがい　にがる
駆　ク　かける　かる
具　グ
惧　グ
(惧)
愚　グ　おろか
空　クウ　そら　あく　あける　から

偶　グウ
遇　グウ
隅　グウ　すみ
串　くし
屈　クツ
掘　クツ　ほる
窟　クツ
熊　くま
繰　くる
君　クン　きみ
訓　クン
勲　クン
薫　(クン)　かおる
軍　グン
郡　グン
群　グン　むれる　むれ　むら

け

兄　●ケイ　キョウ　あに
刑　ケイ
形　ケイ　ギョウ　かた　かたち
系　ケイ
径　ケイ
茎　ケイ　くき
係　ケイ　かかる　かかり

型　ケイ　かた
契　ケイ　(ちぎる)
計　ケイ　はかる　はからう
恵　ケイ　エ　めぐむ
啓　ケイ
掲　ケイ　かかげる
渓　ケイ
経　ケイ　●キョウ　へる
蛍　ケイ　ほたる
敬　ケイ　うやまう
景　ケイ
軽　ケイ　かるい　●かろやか
傾　ケイ　かたむく　かたむける
携　ケイ　たずさえる　たずさわる
継　ケイ　つぐ
詣　(ケイ)　もうでる
慶　ケイ
憬　ケイ
稽　ケイ
(稽)
憩　ケイ　(いこい)　(いこう)
警　ケイ
鶏　ケイ　にわとり

芸　ゲイ
迎　ゲイ　むかえる
鯨　ゲイ　くじら
隙　(ゲキ)　すき
劇　ゲキ
撃　ゲキ　うつ
激　ゲキ　はげしい
桁　けた
欠　ケツ　かける　かく
穴　●ケツ　あな
血　ケツ　ち
決　ケツ　きめる　きまる
結　ケツ　むすぶ　●ゆう　●ゆわえる
傑　ケツ
潔　ケツ　(いさぎよい)
月　ゲツ　ガツ　つき
犬　ケン　いぬ
件　ケン
見　ケン　みる　みえる　みせる
券　ケン
肩　(ケン)　かた
建　ケン　(コン)　たてる　たつ
研　ケン　●とぐ

県　ケン
倹　ケン
兼　ケン　かねる
剣　ケン　つるぎ
拳　ケン　こぶし
軒　ケン　のき
健　ケン　●すこやか
険　ケン　けわしい
圏　ケン
堅　ケン　かたい
検　ケン
嫌　ケン　ゲン　きらう　いや
献　ケン　コン
絹　(ケン)　きぬ
遣　ケン　つかう　つかわす
権　ケン　(ゴン)
憲　ケン
賢　ケン　かしこい
謙　ケン
鍵　ケン　かぎ
繭　(ケン)　まゆ
顕　ケン
験　ケン　(ゲン)
懸　ケン　(ケ)　かける　かかる

元　ゲン　ガン　もと
幻　ゲン　まぼろし
玄　ゲン
言　ゲン　ゴン　いう　こと
弦　ゲン　(つる)
限　ゲン　かぎる
原　ゲン　はら
現　ゲン　あらわれる　あらわす
舷　ゲン
減　ゲン　へる　へらす
源　ゲン　みなもと
厳　ゲン　(ゴン)　●おごそか　きびしい

こ

己　コ　●キ　おのれ
戸　コ　と
古　コ　ふるい　ふるす
呼　コ　よぶ
固　コ　かためる　かたまる　かたい
股　コ　また
虎　コ　とら
孤　コ
弧　コ
故　コ　●ゆえ

枯 コ かれる からす ／ 個 コ ／ 庫 コ (ク) ／ 湖 コ みずうみ ／ 雇 コ やとう ／ 誇 コ ほこる ／ 鼓 コ (つづみ) ／ 錮 コ ／ 顧 コ かえりみる ／ 五 ゴ いつ いつつ ／ 互 ゴ たがい ／ 午 ゴ ／ 呉 ゴ ／ 後 ゴ コウ のち うしろ あと ●おくれる ／ 娯 ゴ ／ 悟 ゴ さとる ／ 碁 ゴ ／ 語 ゴ かたる かたらう ／ 誤 ゴ あやまる ／ 護 ゴ ／ 口 コウ ク くち ／ 工 コウ ク ／ 公 コウ ●おおやけ

勾 コウ ／ 孔 コウ ／ 功 コウ (ク) ／ 巧 コウ たくみ ／ 広 コウ ひろい ひろまる ひろめる ひろがる ひろげる ／ 甲 コウ カン ／ 交 コウ まじわる まじえる まじる まざる まぜる ●かう ●かわす ／ 光 コウ ひかる ひかり ／ 向 コウ むく むける むかう むこう ／ 后 コウ ／ 好 コウ このむ すく ／ 江 コウ え ／ 考 コウ かんがえる ／ 行 コウ ギョウ (アン) いく ゆく おこなう ／ 坑 コウ ／ 孝 コウ ／ 抗 コウ ／ 攻 コウ せめる ／ 更 コウ さら (ふける) (ふかす)

効 コウ きく ／ 幸 コウ さいわい ●さち しあわせ ／ 拘 コウ ／ 肯 コウ ／ 侯 コウ ／ 厚 ●コウ あつい ／ 恒 コウ ／ 洪 コウ ／ 皇 コウ オウ ／ 紅 コウ ●ク べに ●くれない ／ 荒 コウ あらい あれる あらす ／ 郊 コウ ／ 香 コウ (キョウ) か かおり かおる ／ 候 コウ (そうろう) ／ 校 コウ ／ 耕 コウ たがやす ／ 航 コウ ／ 貢 コウ (ク) (みつぐ) ／ 降 コウ おりる おろす ふる ／ 高 コウ たかい たか たかまる たかめる ／ 康 コウ

控 (コウ) ひかえる ／ 梗 コウ ／ 黄 ●コウ オウ き ●こ ／ 喉 コウ のど ／ 慌 (コウ) あわてる あわただしい ／ 港 コウ みなと ／ 硬 コウ かたい ／ 絞 (コウ) しぼる しめる しまる ／ 項 コウ ／ 溝 コウ みぞ ／ 鉱 コウ ／ 構 コウ かまえる かまう ／ 綱 コウ つな ／ 酵 コウ ／ 稿 コウ ／ 興 コウ キョウ (おこる) (おこす) ／ 衡 コウ ／ 鋼 コウ ●はがね ／ 講 コウ ／ 購 コウ ／ 乞 こう ／ 号 ゴウ

合 ゴウ ガッ カッ あう あわす あわせる ／ 拷 ゴウ ／ 剛 ゴウ ／ 傲 ゴウ ／ 豪 ゴウ ／ 克 コク ／ 告 コク つげる ／ 谷 ●コク たに ／ 刻 コク きざむ ／ 国 コク くに ／ 黒 コク くろ くろい ／ 穀 コク ／ 酷 コク ／ 獄 ゴク ／ 骨 コツ ほね ／ 駒 こま ／ 込 こむ こめる ／ 頃 ころ ／ 今 コン ●キン いま ／ 困 コン こまる ／ 昆 コン ／ 恨 コン うらむ うらめしい ／ 根 コン ね

婚 コン ／ 混 コン まじる まざる まぜる こむ ／ 痕 コン あと ／ 紺 コン ／ 魂 コン たましい ／ 墾 コン ／ 懇 コン (ねんごろ)

さ

左 サ ひだり ／ 佐 サ ／ 沙 サ ／ 査 サ ／ 砂 サ ●シャ すな ／ 唆 サ (そそのかす) ／ 差 サ さす ／ 詐 サ ／ 鎖 サ くさり ／ 挫 ザ ／ 座 ザ ●すわる ／ 才 サイ ／ 再 サイ サ ふたたび ／ 災 サイ ●わざわい ／ 妻 サイ つま

采 サイ ／ 砕 サイ くだく くだける ／ 宰 サイ ／ 栽 サイ ／ 彩 サイ (いろどる) ／ 採 サイ とる ／ 済 サイ すむ すます ／ 祭 サイ まつる まつり ／ 斎 サイ ／ 細 サイ ほそい ほそる こまか こまかい ／ 菜 サイ な ／ 最 サイ もっとも ／ 裁 サイ ●たつ さばく ／ 債 サイ ／ 催 サイ もよおす ／ 塞 サイ ソク ふさぐ ふさがる ／ 歳 サイ セイ ／ 載 サイ のせる のる ／ 際 サイ (きわ) ／ 埼 さい ／ 在 ザイ ある ／ 材 ザイ ／ 剤 ザイ

財 ザイ ●サイ ／ 罪 ザイ つみ ／ 崎 さき ／ 作 サク サ つくる ／ 削 サク けずる ／ 昨 サク ／ 柵 サク ／ 索 サク ／ 策 サク ／ 酢 サク す ／ 搾 (サク) しぼる ／ 錯 サク ／ 咲 さく ／ 冊 サツ (サク) ／ 札 サツ ふだ ／ 刷 サツ する ／ 刹 (サツ) セツ ／ 拶 サツ ／ 殺 サツ (サイ) (セツ) ころす ／ 察 サツ ／ 撮 サツ とる ／ 擦 サツ する すれる ／ 雑 ザツ ゾウ ／ 皿 さら

三 サン み みつ みっつ ／ 山 サン やま ／ 参 サン まいる ／ 桟 サン ／ 蚕 サン かいこ ／ 惨 サン (ザン) (みじめ) ／ 産 サン うむ うまれる (うぶ) ／ 傘 (サン) かさ ／ 散 サン ちる ちらす ちらかす ちらかる ／ 算 サン ／ 酸 サン (すい) ／ 賛 サン ／ 残 ザン のこる のこす ／ 斬 ザン きる ／ 暫 ザン

し

士 シ ／ 子 シ ス こ ／ 支 シ ささえる ／ 止 シ とまる とめる ／ 氏 シ ●うじ ／ 仕 シ (ジ) つかえる

史 シ ／ 司 シ ／ 四 シ よ よつ よっつ よん ／ 市 シ いち ／ 矢 (シ) や ／ 旨 シ (むね) ／ 死 シ しぬ ／ 糸 シ いと ／ 至 シ いたる ／ 伺 (シ) うかがう ／ 志 シ こころざす こころざし ／ 私 シ わたくし わたし ／ 使 シ つかう ／ 刺 シ さす ささる ／ 始 シ はじめる はじまる ／ 姉 ●シ あね ／ 枝 (シ) えだ ／ 祉 シ ／ 肢 シ ／ 姿 シ すがた ／ 思 シ おもう ／ 指 シ ゆび さす ／ 施 シ (セ) ほどこす

師 シ　恣(恣) シ　紙 シ かみ　脂 シ あぶら　視 シ　紫 シ むらさき　詞 シ　歯 シ は　嗣 シ　試 シ こころみる ●ためす　詩 シ　資 シ　飼 シ かう　誌 シ　雌 シ め めす　摯 シ　賜 (シ) たまわる　諮 シ はかる　示 ジ ●シ しめす　字 ジ ●あざ　寺 ジ てら　次 ジ ●シ つぐ つぎ　耳 ジ ●みみ

自 ジ シ みずから　似 ジ ●にる　児 ジ ●ニ|　事 ジ (ズ|) こと　侍 ジ さむらい　治 ジ チ おさめる おさまる なおる なおす　持 ジ もつ　時 ジ とき　滋 ジ　慈 ジ (いつくしむ)　辞 ジ ●やめる　磁 ジ　餌(餌) (ジ) えさ え　璽 ジ　鹿 しか か|　式 シキ　識 シキ　軸 ジク　七 シチ なな ななつ なの|　叱 シツ しかる　失 シツ うしなう　室 シツ ●むろ

疾 シツ　執 シツ シュウ とる　湿 シツ しめる しめす　嫉 シツ　漆 シツ うるし　質 シツ ●シチ (チ|)　実 ジツ み みのる　芝 しば　写 シャ うつす うつる　社 シャ やしろ　車 シャ くるま　舎 シャ　者 シャ もの　射 シャ いる　捨 シャ すてる　赦 シャ　斜 シャ ななめ　煮 (シャ) にる にえる にやす　遮 シャ さえぎる　謝 シャ ●あやまる　邪 ジャ　蛇 ジャ ダ へび　尺 シャク　借 シャク かりる

酌 シャク (くむ)　釈 シャク　爵 シャク　若 ●ジャク (ニャク|) わかい (もしくは)　弱 ジャク よわい よわる よわまる よわめる　寂 ジャク (セキ|) さび さびしい さびれる　手 シュ て ●た|　主 シュ (ス|) ぬし おも　守 シュ ス| まもる ●もり　朱 シュ　取 シュ とる　狩 シュ かる かり　首 シュ くび　殊 シュ こと　珠 シュ　酒 シュ さけ さか|　腫 シュ はれる はらす　種 シュ たね　趣 シュ おもむき　寿 ジュ ことぶき　受 ジュ うける うかる

呪 ジュ のろう　授 ジュ ●さずける ●さずかる　需 ジュ　儒 ジュ　樹 ジュ　収 シュウ おさめる おさまる　囚 シュウ　州 シュウ ●す　舟 シュウ ふね ふな|　秀 シュウ (ひいでる)　周 シュウ まわり　宗 シュウ ●ソウ　拾 ●シュウ ●ジュウ ひろう　秋 シュウ あき　臭 シュウ くさい におう　修 シュウ ●シュ| おさめる おさまる　袖 (シュウ) そで　終 シュウ おわる おえる　羞 シュウ　習 シュウ ならう　週 シュウ　就 シュウ (ジュ|) ●つく ●つける　衆 シュウ (シュ|)

集 シュウ あつまる あつめる ●つどう　愁 シュウ (うれえる) (うれい)　酬 シュウ　醜 シュウ みにくい　蹴 シュウ ける　襲 シュウ おそう　十 ジュウ ジッ とお と　汁 ジュウ しる　充 ジュウ (あてる)　住 ジュウ すむ すまう　柔 ジュウ ニュウ やわらか やわらかい　重 ジュウ チョウ ●え おもい かさねる かさなる　従 ジュウ (ショウ|) (ジュ|) したがう したがえる　渋 ジュウ しぶ しぶい しぶる　銃 ジュウ　獣 ジュウ けもの　縦 ジュウ たて　叔 シュク　祝 シュク (シュウ|) いわう

宿 シュク やど やどる やどす　淑 シュク　粛 シュク　縮 シュク ちぢむ ちぢまる ちぢめる ちぢれる ちぢらす　塾 ジュク　熟 ジュク ●うれる　出 シュツ ●スイ| でる だす　述 ジュツ のべる　術 ジュツ　俊 シュン　春 シュン はる　瞬 シュン (またたく)　旬 ジュン シュン|　巡 ジュン めぐる　盾 ジュン たて　准 ジュン　殉 ジュン　純 ジュン　循 ジュン　順 ジュン　準 ジュン　潤 ジュン うるおう うるおす うるむ

遵 ジュン　処 ショ　初 ショ はじめ はじめて はつ (うい) ●そめる　所 ショ ところ　書 ショ かく　庶 ショ　暑 ショ あつい　署 ショ　緒 ショ チョ| お　諸 ショ　女 ジョ ●ニョ (ニョウ|) おんな ●め　如 ジョ (ニョ)　助 ジョ たすける たすかる ●すけ　序 ジョ　叙 ジョ　徐 ジョ　除 ジョ ●ジ| のぞく　小 ショウ ちいさい こ お　升 ショウ ます　少 ショウ すくない すこし　召 ショウ めす　匠 ショウ

床 ショウ とこ ゆか　抄 ショウ　肖 ショウ　尚 ショウ　招 ショウ まねく　承 ショウ ●うけたまわる　昇 ショウ のぼる　松 ショウ まつ　沼 (ショウ) ぬま　昭 ショウ　宵 (ショウ) よい　将 ショウ　消 ショウ きえる けす　症 ショウ　祥 ショウ　称 ショウ　笑 ショウ わらう ●えむ　唱 ショウ となえる　商 ショウ ●あきなう　渉 ショウ　章 ショウ　紹 ショウ　訟 ショウ　勝 ショウ かつ ●まさる

掌 ショウ　晶 ショウ　焼 ●ショウ やく やける　焦 ショウ こげる こがす こがれる (あせる)　硝 ショウ　粧 ショウ　詔 ショウ (みことのり)　証 ショウ　象 ショウ ゾウ　傷 ショウ きず ●いたむ ●いためる　奨 ショウ　照 ショウ てる てらす てれる　詳 ショウ くわしい　彰 ショウ　障 ショウ (さわる)　憧 ショウ あこがれる　衝 ショウ　賞 ショウ　償 ショウ つぐなう　礁 ショウ　鐘 ショウ かね

上 ジョウ（ショウ） うえ うわ かみ あげる あがる のぼる ●のぼせる ●のぼす　丈 ジョウ たけ　冗 ジョウ　条 ジョウ　状 ジョウ　乗 ジョウ のる のせる　城 ジョウ しろ　浄 ジョウ　剰 ジョウ　常 ジョウ つね（とこ）　情 ジョウ（セイ） なさけ　場 ジョウ ば　畳 ジョウ たたむ たたみ　蒸 ジョウ ●むす ●むれる ●むらす　縄 ジョウ なわ　壌 ジョウ　嬢 ジョウ　錠 ジョウ　譲 ジョウ ゆずる　醸 ジョウ（かもす）　色 ショク シキ いろ

拭（ショク） ふく ぬぐう　食 ショク（ジキ） くう（くらう） たべる　植 ショク うえる うわる　殖 ショク ふえる ふやす　飾 ショク かざる　触 ショク ふれる さわる　嘱 ショク　織（ショク） シキ おる　職 ショク　辱 ジョク（はずかしめる）　尻 しり　心 シン こころ　申 ●シン もうす　伸 シン のびる のばす のべる　臣 シン ジン　芯 シン　身 シン み　辛 シン からい　侵 シン おかす　信 シン　津（シン） つ　神 シン ジン かみ ●かん（こう）

唇（シン） くちびる　娠 シン　振 シン ふる ふるう ふれる　浸 シン ひたす ひたる　真 シン ま　針 シン はり　深 シン ふかい ふかまる ふかめる　紳 シン　進 シン すすむ すすめる　森 シン もり　診 シン みる　寝 シン ねる ねかす　慎 シン つつしむ　新 シン あたらしい あらた ●にい　審 シン　震 シン ふるう ふるえる　薪 シン たきぎ　親 シン おや したしい したしむ　人 ジン ニン ひと　刃（ジン） は　仁 ジン ●ニ

尽 ジン つくす つきる つかす　迅 ジン　甚（ジン） はなはだ はなはだしい　陣 ジン　尋 ジン たずねる　腎 ジン

す

須 ス　図 ズ ト ●はかる　水 スイ みず　吹 スイ ふく　垂 スイ たれる たらす　炊 スイ たく　帥 スイ　粋 スイ いき　衰 スイ おとろえる　推 スイ ●おす　酔 スイ よう　遂 スイ とげる　睡 スイ　穂（スイ） ほ　随 ズイ　髄 ズイ

枢 スウ　崇 スウ　数 スウ（ス） かず かぞえる　据 すえる すわる　杉 すぎ　裾 すそ　寸 スン

せ

瀬 せ　是 ゼ　井（セイ） ショウ い　世 セイ セ よ　正 セイ ショウ ただしい ただす まさ　生 セイ ショウ いきる いかす いける うまれる うむ ●おう はえる はやす ●き なま　成 セイ（ジョウ） なる なす　西 セイ サイ にし　声 セイ（ショウ） こえ ●こわ　制 セイ　姓 セイ ショウ　征 セイ　性 セイ ●ショウ　青 セイ（ショウ） あお あおい

斉 セイ　政 セイ（ショウ）（まつりごと）　星 セイ ●ショウ ほし　牲 セイ　省 セイ ショウ ●かえりみる はぶく　凄 セイ　逝 セイ（ゆく）（いく）　清 セイ（ショウ） きよい きよまる きよめる　盛 ●セイ（ジョウ） もる ●さかる ●さかん　婿（セイ） むこ　晴 セイ はれる はらす　勢 セイ いきおい　聖 セイ　誠 セイ ●まこと　精 セイ ●ショウ　製 セイ　誓 セイ ちかう　静 セイ ●ジョウ しず しずか しずまる しずめる　請 セイ（シン）（こう） うける　整 セイ ととのえる ととのう　醒 セイ　税 ゼイ

夕 ●セキ ゆう　斥 セキ　石 セキ シャク ●コク いし　赤 セキ（シャク） あか あかい あからむ あからめる　昔（セキ） ●シャク むかし　析 セキ　席 セキ　脊 セキ　隻 セキ　惜 セキ おしい おしむ　戚 セキ　責 セキ せめる　跡 セキ あと　積 セキ つむ つもる　績 セキ　籍 セキ　切 セツ ●サイ きる きれる　折 セツ おる おり おれる　拙 セツ つたない　窃 セツ　接 セツ（つぐ）　設 セツ もうける　雪 セツ ゆき

摂 セツ　節 セツ（セチ） ふし　説 セツ（ゼイ） とく　舌 ●ゼツ した　絶 ゼツ たえる たやす たつ　千 セン ち　川 ●セン かわ　仙 セン　占 セン しめる うらなう　先 セン さき　宣 セン　専 セン ●もっぱら　泉 セン いずみ　浅 ●セン あさい　洗 セン あらう　染 ●セン そめる そまる（しみる）（しみ）　扇 セン おうぎ　栓 セン　旋 セン　船 セン ふね ふな　戦 セン ●いくさ たたかう　(煎)煎 セン いる

羨（セン） うらやむ うらやましい　腺 セン　(詮)詮 セン　践 セン　(箋)箋 セン　銭 セン ●ぜに　潜 セン ひそむ もぐる　線 セン　遷 セン　選 セン えらぶ　薦 セン すすめる　繊 セン　鮮 セン あざやか　全 ゼン まったく すべて　前 ゼン まえ　善 ゼン よい　然 ゼン ネン　禅 ゼン　漸 ゼン　膳 ゼン　繕 ゼン つくろう

そ

狙 ソ ねらう　阻 ソ（はばむ）　祖 ソ　租 ソ　素 ソ ●ス　措 ソ　粗 ソ あらい　組 ソ くむ くみ　疎 ソ（うとい）（うとむ）　訴 ソ うったえる　塑 ソ　(遡)遡（ソ） さかのぼる　礎 ソ（いしずえ）　双 ソウ ふた　壮 ソウ　早 ソウ ●サッ はやい はやまる はやめる　争 ソウ あらそう　走 ソウ はしる　奏 ソウ（かなでる）　相 ソウ ●ショウ あい　荘 ソウ

草 ソウ くさ／送 ソウ おくる／倉 ソウ くら／捜 ソウ さがす／挿 ソウ さす／桑 (ソウ) くわ／巣 (ソウ) す／掃 ソウ はく／曹 ソウ／曽 ソウ ゾ／爽 ソウ さわやか／窓 ソウ まど／創 ソウ つくる／喪 ソウ も／痩 (ソウ) やせる／葬 ソウ (ほうむる)／装 ソウ ●ショウ (よそおう)／僧 ソウ／想 ソウ (ソ)／層 ソウ／総 ソウ／遭 ソウ あう／槽 ソウ／踪 ソウ

操 ソウ (みさお) ●あやつる／燥 ソウ／霜 (ソウ) しも／騒 ソウ さわぐ／藻 ソウ も／造 ゾウ つくる／像 ゾウ／増 ゾウ ます ふえる ふやす／憎 ゾウ にくむ にくい にくらしい にくしみ／蔵 ゾウ ●くら／贈 ゾウ ソウ おくる／臓 ゾウ／即 ソク／束 ソク たば／足 ソク あし たりる たる たす／促 ソク うながす／則 ソク／息 ソク いき／捉 ソク とらえる／速 ソク はやい はやめる はやまる ●すみやか／側 ソク がわ／測 ソク はかる

俗 ゾク／族 ゾク／属 ゾク／賊 ゾク／続 ゾク つづく つづける／卒 ソツ／率 ●ソツ リツ ひきいる／存 ソン ゾン／村 ソン むら／孫 ソン まご／尊 ソン たっとい とうとい たっとぶ とうとぶ／損 ソン ●そこなう ●そこねる／遜 (遜) ソン

た

他 タ ほか／多 タ おおい／汰 タ／打 ダ うつ／妥 ダ／唾 ダ つば／堕 ダ／惰 ダ

駄 ダ／太 タイ タ ふとい ふとる／対 タイ ●ツイ／体 タイ ●テイ からだ／耐 タイ たえる／待 タイ まつ／怠 タイ おこたる なまける／胎 タイ／退 タイ しりぞく しりぞける／帯 タイ おびる おび／泰 タイ／堆 タイ／袋 (タイ) ふくろ／逮 タイ／替 タイ かえる かわる／貸 ●タイ かす／隊 タイ／滞 タイ とどこおる／態 タイ／戴 タイ／大 ダイ タイ おお おおきい おおいに／代 ダイ タイ かわる かえる よ ●しろ／台 ダイ タイ

第 ダイ／題 ダイ／滝 たき／宅 タク／択 タク／沢 タク さわ／卓 タク／拓 タク／託 タク／濯 タク／諾 ダク／濁 ダク にごる にごす／但 ただし／達 タツ／脱 ダツ ぬぐ ぬげる／奪 ダツ うばう／棚 たな／誰 だれ／丹 タン／旦 タン ダン／担 タン (かつぐ) (になう)／単 タン／炭 タン すみ／胆 タン

探 タン ●さぐる さがす／淡 タン あわい／短 タン みじかい／嘆 タン なげく なげかわしい／端 タン はし (は) はた／綻 タン ほころびる／誕 タン／鍛 タン きたえる／団 ダン (トン)／男 ダン ナン おとこ／段 ダン／断 ダン ●たつ ことわる／弾 ダン ひく はずむ たま／暖 ダン あたたか あたたかい あたたまる あたためる／談 ダン／壇 ダン (タン)

ち

地 チ ジ／池 チ いけ／知 チ しる／値 チ ね ●あたい

恥 チ はじる はじらう はずかしい はじ／致 チ いたす／遅 チ おくれる おくらす おそい／痴 チ／稚 チ／置 チ おく／緻 チ／竹 チク たけ／畜 チク／逐 チク／蓄 チク たくわえる／築 チク きずく／秩 チツ／窒 チツ／茶 チャ ●サ／着 チャク (ジャク) きる きせる つく つける／嫡 チャク／中 チュウ (ジュウ) なか／仲 ●チュウ なか／虫 チュウ むし／沖 (チュウ) おき

宙 チュウ／忠 チュウ／抽 チュウ／注 チュウ そそぐ／昼 チュウ ひる／柱 チュウ はしら／衷 チュウ／酎 チュウ／鋳 チュウ いる／駐 チュウ／著 チョ ●あらわす ●いちじるしい／貯 チョ／丁 チョウ ●テイ／弔 チョウ とむらう／庁 チョウ／兆 チョウ (きざす) (きざし)／町 チョウ まち／長 チョウ ながい／挑 チョウ いどむ／帳 チョウ／張 チョウ はる／彫 チョウ ほる／眺 チョウ ながめる／釣 (チョウ) つる

頂 チョウ いただく いただき／鳥 チョウ とり／朝 チョウ あさ／貼 チョウ はる／超 チョウ こえる こす／腸 チョウ／跳 チョウ はねる とぶ／徴 チョウ／嘲 (嘲) チョウ あざける／潮 チョウ しお／澄 (チョウ) すむ すます／調 チョウ しらべる ●ととのう ●ととのえる／聴 チョウ きく／懲 チョウ こりる こらす こらしめる／直 チョク ジキ ただちに なおす なおる／勅 チョク／捗 (捗) チョク／沈 チン しずむ しずめる／珍 チン めずらしい／朕 チン

陳 チン／賃 チン／鎮 チン (しずめる) (しずまる)

つ

追 ツイ おう／椎 ツイ／墜 ツイ／通 ツウ (ツ) とおる とおす かよう／痛 ツウ いたい いたむ いためる／塚 つか／漬 つける つかる／坪 つぼ／爪 つめ つま／鶴 つる

て

低 テイ ひくい ひくめる ひくまる／呈 テイ／廷 テイ／弟 テイ ●ダイ ●デ おとうと／定 テイ ジョウ さだめる さだまる (さだか)／底 テイ そこ

抵 テイ　邸 テイ　亭 テイ　貞 テイ　帝 テイ　訂 テイ　庭 テイ にわ　逓 テイ　停 テイ　偵 テイ　堤 テイ つつみ　提 テイ さげる　程 テイ ほど　艇 テイ　締 テイ しまる しめる　諦 テイ あきらめる　泥 (デイ) どろ　的 テキ まと　笛 テキ ふえ　摘 テキ つむ　滴 テキ しずく (したたる)　適 テキ　敵 テキ かたき

溺(溺) デキ おぼれる　迭 テツ　哲 テツ　鉄 テツ　徹 テツ　撤 テツ　天 テン (あめ) あま　典 テン　店 テン みせ　点 テン　展 テン　添 テン そえる そう　転 テン ころがる ころげる ころがす ころぶ　塡(填) テン　田 デン た　伝 デン つたわる つたえる つたう　殿 デン テン との どの　電 デン

と

斗 ト

吐 ト はく　妬 ト ねたむ　徒 ト　途 ト　都 ト ツ みやこ　渡 ト わたる わたす　塗 ト ぬる　賭(賭) ト かける　土 ド ト つち　奴 ド　努 ド つとめる　度 ド (ト) (タク) たび　怒 ド いかる おこる　刀 トウ かたな　冬 トウ ふゆ　灯 トウ (ひ)　当 トウ あたる あてる　投 トウ なげる　豆 トウ ズ まめ　東 トウ ひがし　到 トウ

逃 トウ にげる にがす のがす のがれる　倒 トウ たおれる たおす　凍 トウ こおる こごえる　唐 トウ から　島 トウ しま　桃 トウ もも　討 トウ うつ　透 トウ すく すかす すける　党 トウ　悼 トウ (いたむ)　盗 トウ ぬすむ　陶 トウ　塔 トウ　搭 トウ　棟 トウ むね (むな)　湯 トウ ゆ　痘 トウ　登 トウ ト のぼる　答 トウ こたえる こたえ　等 トウ ひとしい　筒 トウ つつ　統 トウ (すべる)

稲 トウ いね いな　踏 トウ ふむ ふまえる　糖 トウ　頭 トウ ズ (ト) あたま かしら　謄 トウ　藤 トウ ふじ　闘 トウ たたかう　騰 トウ　同 ドウ おなじ　洞 ドウ ほら　胴 ドウ　動 ドウ うごく うごかす　堂 ドウ　童 ドウ わらべ　道 ドウ (トウ) みち　働 ドウ はたらく　銅 ドウ　導 ドウ みちびく　瞳 ドウ ひとみ　峠 とうげ　匿 トク　特 トク　得 トク える うる

督 トク　徳 トク　篤 トク　毒 ドク　独 ドク ひとり　読 ドク トク トウ よむ　栃 とち　凸 トツ　突 トツ つく　届 とどける とどく　屯 トン　豚 トン ぶた　頓 トン　貪 ドン むさぼる　鈍 ドン にぶい にぶる　曇 ドン くもる　丼 どんぶり どん

な

那 ナ　奈 ナ　内 ナイ ダイ うち　梨 なし　謎(謎) なぞ

鍋 なべ　南 ナン (ナ) みなみ　軟 ナン やわらか やわらかい　難 ナン (かたい) むずかしい

に

二 ニ ふた ふたつ　尼 (ニ) あま　弐 ニ　匂 におう　肉 ニク　虹 にじ　日 ニチ ジツ ひ か　入 ニュウ いる いれる はいる　乳 ニュウ ちち ち　尿 ニョウ　任 ニン まかせる まかす　妊 ニン　忍 ニン しのぶ しのばせる　認 ニン みとめる

ね

寧 ネイ　熱 ネツ あつい　年 ネン とし

念 ネン　捻 ネン　粘 ネン ねばる　燃 ネン もえる もやす もす

の

悩 ノウ なやむ なやます　納 ノウ (ナッ) (ナ) (ナン) トウ おさめる おさまる　能 ノウ　脳 ノウ　農 ノウ　濃 ノウ こい

は

把 ハ　波 ハ なみ　派 ハ　破 ハ やぶる やぶれる　覇 ハ　馬 バ うま (ま)　婆 バ　罵 バ ののしる　拝 ハイ おがむ　杯 ハイ さかずき

背 ハイ せ せい そむく そむける　肺 ハイ　俳 ハイ　配 ハイ くばる　排 ハイ　敗 ハイ やぶれる　廃 ハイ すたれる すたる　輩 ハイ　売 バイ うる うれる　倍 バイ　梅 バイ うめ　培 バイ (つちかう)　陪 バイ　媒 バイ　買 バイ かう　賠 バイ　白 ハク (ビャク) しろ しら しろい　伯 ハク　拍 ハク ヒョウ　泊 ハク とまる とめる　迫 ハク せまる　剝(剥) ハク はがす はぐ はがれる はげる

舶 ハク　博 ハク (バク)　薄 ハク うすい うすめる うすまる うすらぐ うすれる　麦 バク むぎ　漠 バク　縛 バク しばる　爆 バク　箱 はこ　箸(箸) はし　畑 はた はたけ　肌 はだ　八 ハチ や やつ やっつ よう　鉢 ハチ (ハツ)　発 ハツ ホツ　髪 ハツ かみ　伐 バツ　抜 バツ ぬく ぬける ぬかす ぬかる　罰 バツ バチ　閥 バツ　反 ハン (ホン) (タン) そる そらす　半 ハン なかば

氾 ハン
犯 ハン おかす
帆 ハン ほ
汎 ハン
伴 ハン バン ともなう
判 ハン バン
坂 (ハン) さか
阪 ハン
板 ハン バン いた
版 ハン
班 ハン
畔 ハン
般 ハン
販 ハン
斑 ハン
飯 ハン めし
搬 ハン
煩 ハン (ボン) わずらう わずらわす
頒 ハン
範 ハン
繁 ハン
藩 ハン
晩 バン
番 バン

蛮 バン
盤 バン

ひ

比 ヒ くらべる
皮 ヒ かわ
妃 ヒ
否 ヒ (いな)
批 ヒ
彼 ヒ かれ かの
披 ヒ
肥 ヒ こえる こえ こやす こやし
非 ヒ
卑 ヒ (いやしい) (いやしむ) (いやしめる)
飛 ヒ とぶ とばす
疲 ヒ つかれる
秘 ヒ ひめる
被 ヒ こうむる
悲 ヒ かなしい かなしむ
扉 (ヒ) とびら
費 ヒ ついやす ついえる
碑 ヒ
罷 ヒ

避 ヒ さける
尾 ビ お
眉 (ビ) ミ まゆ
美 ビ うつくしい
備 ビ そなえる そなわる
微 ビ
鼻 ビ はな
膝 ひざ
肘 ひじ
匹 ヒツ ひき
必 ヒツ かならず
泌 ヒツ (ヒ)
筆 ヒツ ふで
姫 ひめ
百 ヒャク
氷 ヒョウ こおり (ひ)
表 ヒョウ おもて あらわす あらわれる
俵 ヒョウ たわら
票 ヒョウ
評 ヒョウ
漂 ヒョウ ただよう
標 ヒョウ
苗 (ビョウ) なえ なわ

秒 ビョウ
病 ビョウ (ヘイ) やむ やまい
描 ビョウ えがく かく
猫 (ビョウ) ねこ
品 ヒン しな
浜 ヒン はま
貧 ヒン ビン まずしい
賓 ヒン
頻 ヒン
敏 ビン
瓶 ビン

ふ

不 フ ブ
夫 フ フウ おっと
父 フ ちち
付 フ つける つく
布 フ ぬの
扶 フ
府 フ
怖 フ こわい
阜 フ
附 フ
訃 フ
負 フ まける まかす おう

赴 フ おもむく
浮 フ うく うかれる うかぶ うかべる
婦 フ
符 フ
富 フ (フウ) とむ とみ
普 フ
腐 フ くさる くされる くさらす
敷 (フ) しく
膚 フ
賦 フ
譜 フ
侮 ブ (あなどる)
武 ブ ム
部 ブ
舞 ブ まう まい
封 フウ ホウ
風 フウ (フ) かぜ かざ
伏 フク ふせる ふす
服 フク
副 フク
幅 フク はば
復 フク

福 フク
腹 フク はら
複 フク
覆 フク おおう (くつがえす) (くつがえる)
払 (フツ) はらう
沸 フツ わく わかす
仏 ブツ ほとけ
物 ブツ モツ もの
粉 フン こ こな
紛 フン まぎれる まぎらす まぎらわす まぎらわしい
雰 フン
噴 フン ふく
墳 フン
憤 フン (いきどおる)
奮 フン ふるう
分 ブン フン ブ わける わかれる わかる わかつ
文 ブン モン ふみ
聞 ブン (モン) きく きこえる

へ

丙 ヘイ
平 ヘイ ビョウ たいら ひら

兵 ヘイ (ヒョウ)
併 ヘイ あわせる
並 ヘイ なみ ならべる ならぶ ならびに
柄 (ヘイ) がら え
陛 ヘイ
閉 ヘイ とじる とざす しめる しまる
塀 ヘイ
幣 ヘイ
弊 ヘイ
(蔽)蔽 ヘイ
(餠)餅 ヘイ もち
米 ベイ マイ こめ
壁 ヘキ かべ
璧 ヘキ
癖 ヘキ くせ
別 ベツ わかれる
蔑 ベツ さげすむ
片 ヘン かた
辺 ヘン あたり べ
返 ヘン かえす かえる

変 ヘン かわる かえる
偏 ヘン かたよる
遍 ヘン
編 ヘン あむ
弁 ベン
便 ベン ビン たより
勉 ベン

ほ

歩 ホ ブ (フ) あるく あゆむ
保 ホ たもつ
哺 ホ
捕 ホ とらえる とらわれる とる つかまえる つかまる
補 ホ おぎなう
舗 ホ
母 ボ はは
募 ボ つのる
墓 ボ はか
慕 ボ したう
暮 ボ くれる くらす
簿 ボ
方 ホウ かた
包 ホウ つつむ

芳 ホウ (かんばしい)
邦 ホウ
奉 ホウ (ブ) (たてまつる)
宝 ホウ たから
抱 ホウ だく いだく かかえる
放 ホウ はなす はなつ はなれる ほうる
法 ホウ (ハッ) (ホッ)
泡 ホウ あわ
胞 ホウ
俸 ホウ
倣 ホウ (ならう)
峰 ホウ みね
砲 ホウ
崩 ホウ くずれる くずす
訪 ホウ おとずれる たずねる
報 ホウ むくいる
蜂 ホウ はち
豊 ホウ ゆたか
飽 ホウ あきる あかす
褒 (ホウ) ほめる
縫 ホウ ぬう
亡 ボウ (モウ) (ない)

乏 ボウ とぼしい
忙 ボウ いそがしい
坊 ボウ ボッ
妨 ボウ さまたげる
忘 ボウ わすれる
防 ボウ ふせぐ
房 ボウ ふさ
肪 ボウ
某 ボウ
冒 ボウ おかす
剖 ボウ
紡 ボウ (つむぐ)
望 ボウ モウ のぞむ
傍 ボウ (かたわら)
帽 ボウ
棒 ボウ
貿 ボウ
貌 ボウ
暴 ボウ バク (あばく) あばれる
膨 ボウ ふくらむ ふくれる
謀 ボウ (ム) (はかる)
(頰)頬 ほお

北 ホク きた
木 ボク モク き こ
朴 ボク
牧 ボク まき
睦 ボク
僕 ボク
墨 ボク すみ
撲 ボク
没 ボツ
勃 ボツ
堀 ほり
本 ホン もと
奔 ホン
翻 ホン (ひるがえる) (ひるがえす)
凡 ボン (ハン)
盆 ボン

ま

麻 マ あさ
摩 マ
磨 マ みがく
魔 マ
毎 マイ
妹 マイ いもうと
枚 マイ
昧 マイ
埋 マイ うめる うまる うもれる
幕 マク バク
膜 マク
枕 まくら
又 また
末 マツ (バツ) すえ
抹 マツ
万 マン バン
満 マン みちる みたす
慢 マン
漫 マン

み

未 ミ
味 ミ あじ あじわう
魅 ミ
岬 みさき
密 ミツ
蜜 ミツ
脈 ミャク
妙 ミョウ
民 ミン たみ
眠 ミン ねむる ねむい

む

矛 ム ほこ
務 ム つとめる つとまる
無 ム ブ ない
夢 ム ゆめ
霧 ム きり
娘 むすめ

め

名 メイ ミョウ な
命 メイ ミョウ いのち
明 メイ ミョウ あかり あかるい あかるむ あからむ あきらか あける あく あくる あかす
迷 メイ まよう
冥 メイ (ミョウ)
盟 メイ
銘 メイ
鳴 メイ なく なる ならす
滅 メツ ほろびる ほろぼす
免 メン (まぬかれる)
面 メン おも おもて (つら)
綿 メン わた
麺 メン

も

茂 モ しげる
模 モ ボ
毛 モウ け
妄 モウ (ボウ)
盲 モウ
耗 モウ (コウ)
猛 モウ
網 モウ あみ
目 モク ボク め (ま)
黙 モク だまる
門 モン かど
紋 モン
問 モン とう とい とん

や

冶 ヤ
夜 ヤ よ よる
野 ヤ の
弥 や
厄 ヤク
役 ヤク エキ
約 ヤク
訳 ヤク わけ
薬 ヤク くすり
躍 ヤク おどる
闇 やみ

ゆ

由 ユ ユウ (ユイ) (よし)
油 ユ あぶら
(喩)喩 ユ
愉 ユ
諭 ユ さとす
輸 ユ
癒 ユ いえる いやす
唯 ユイ (イ)
友 ユウ とも
有 ユウ ウ ある
勇 ユウ いさむ
幽 ユウ
悠 ユウ
郵 ユウ
湧 ユウ わく
猶 ユウ
裕 ユウ
遊 ユウ (ユ) あそぶ
雄 ユウ お おす
誘 ユウ さそう
憂 ユウ うれえる うれい (うい)
融 ユウ
優 ユウ やさしい すぐれる

よ

与 ヨ あたえる
予 ヨ
余 ヨ あまる あます
誉 ヨ ほまれ
預 ヨ あずける あずかる
幼 ヨウ おさない
用 ヨウ もちいる
羊 ヨウ ひつじ
妖 ヨウ あやしい
洋 ヨウ
要 ヨウ かなめ いる
容 ヨウ
庸 ヨウ
揚 ヨウ あげる あがる
揺 ヨウ ゆれる ゆる ゆらぐ ゆるぐ ゆする ゆさぶる ゆすぶる
葉 ヨウ は
陽 ヨウ
溶 ヨウ とける とかす とく
腰 (ヨウ) こし
様 ヨウ さま
瘍 ヨウ
踊 ヨウ おどる おどり
窯 (ヨウ) かま
養 ヨウ やしなう
擁 ヨウ
謡 ヨウ (うたい) (うたう)
曜 ヨウ
抑 ヨク おさえる
沃 ヨク
浴 ヨク あびる あびせる
欲 ヨク (ほっする) ほしい
翌 ヨク
翼 ヨク つばさ

ら

拉 ラ
裸 ラ はだか
羅 ラ
来 ライ くる きたる きたす
雷 ライ かみなり
頼 ライ たのむ たのもしい たよる
絡 ラク (からむ) (からまる) (からめる)
落 ラク おちる おとす
酪 ラク
辣 ラツ
乱 ラン みだれる みだす
卵 ラン たまご
覧 ラン
濫 ラン
藍 (ラン) あい
欄 ラン

り

吏 リ
利 リ (きく)
里 リ さと
理 リ
痢 リ
裏 リ うら
履 リ はく
璃 リ
離 リ はなれる はなす
陸 リク
立 リツ (リュウ) たつ たてる
律 リツ (リチ)
慄 リツ
略 リャク
柳 リュウ やなぎ
流 リュウ (ル) ながれる ながす
留 リュウ ル とめる とまる
竜 リュウ たつ
粒 リュウ つぶ
隆 リュウ
硫 リュウ
侶 リョ
旅 リョ たび
虜 リョ
慮 リョ
了 リョウ
両 リョウ
良 リョウ よい
料 リョウ
涼 リョウ すずしい すずむ
猟 リョウ
陵 リョウ (みささぎ)
量 リョウ はかる
僚 リョウ
領 リョウ
寮 リョウ
療 リョウ
瞭 リョウ
糧 リョウ (ロウ) (かて)
力 リョク リキ ちから
緑 リョク (ロク) みどり
林 リン はやし
厘 リン
倫 リン
輪 リン わ
隣 リン となる となり
臨 リン のぞむ

る

瑠 ル
涙 ルイ なみだ
累 ルイ
塁 ルイ
類 ルイ たぐい

れ

令 レイ
礼 レイ (ライ)
冷 レイ つめたい ひえる ひや ひやす ひやかす さめる さます

励 レイ はげむ はげます
戻 (レイ) もどす もどる
例 レイ たとえる
鈴 レイ リン すず
零 レイ
霊 レイ (リョウ) (たま)
隷 レイ
齢 レイ
麗 レイ (うるわしい)
暦 レキ こよみ
歴 レキ
列 レツ
劣 レツ おとる
烈 レツ
裂 レツ さく さける
恋 レン こう こい こいしい
連 レン つらなる つらねる つれる
廉 レン
練 レン ねる
錬 レン

ろ

呂 ロ
炉 ロ
賂 ロ
路 ロ じ
露 ロ ロウ つゆ
老 ロウ おいる (ふける)
労 ロウ
弄 ロウ もてあそぶ
郎 ロウ
朗 ロウ ●ほがらか
浪 ロウ
廊 ロウ
楼 ロウ
漏 ロウ もる もれる もらす
籠 (ロウ) かご こもる
六 ロク む むつ むっつ むい
録 ロク
麓 ロク ふもと
論 ロン

わ

和 ワ (オ) ●やわらぐ ●やわらげる ●なごむ ●なごやか
話 ワ はなす はなし
賄 ワイ まかなう
脇 わき
惑 ワク まどう
枠 わく
湾 ワン
腕 ワン うで

明日　あす
小豆　あずき
海女／海士　あま
硫黄　いおう
意気地　いくじ
田舎　いなか
息吹　いぶき
海原　うなばら
乳母　うば
浮気　うわき
浮つく　うわつく
笑顔　えがお
叔父／伯父　おじ
大人　おとな
乙女　おとめ
叔母／伯母　おば
お巡りさん　おまわりさん
お神酒　おみき
母屋／母家　おもや

母さん　かあさん
神楽　かぐら
河岸　かし
鍛冶　かじ
風邪　かぜ
固唾　かたず
仮名　かな
蚊帳　かや
為替　かわせ
河原／川原　かわら
昨日　きのう
今日　きょう
果物　くだもの
玄人　くろうと
今朝　けさ
景色　けしき
心地　ここち
居士　こじ
今年　ことし
早乙女　さおとめ
雑魚　ざこ
桟敷　さじき

差し支える　さしつかえる
五月　さつき
早苗　さなえ
五月雨　さみだれ
時雨　しぐれ
尻尾　しっぽ
竹刀　しない
老舗　しにせ
芝生　しばふ
清水　しみず
三味線　しゃみせん
砂利　じゃり
数珠　じゅず
上手　じょうず
白髪　しらが
素人　しろうと
師走　しわす（しはす）
数寄屋／数奇屋　すきや
相撲　すもう
草履　ぞうり
山車　だし
太刀　たち

立ち退く　たちのく
七夕　たなばた
足袋　たび
稚児　ちご
一日　ついたち
築山　つきやま
梅雨　つゆ
凸凹　でこぼこ
手伝う　てつだう
伝馬船　てんません
投網　とあみ
父さん　とうさん
十重二十重　とえはたえ
読経　どきょう
時計　とけい
友達　ともだち
仲人　なこうど
名残　なごり
雪崩　なだれ
兄さん　にいさん
姉さん　ねえさん
野良　のら
祝詞　のりと

博士　はかせ
二十（歳）　はたち
二十日　はつか
波止場　はとば
一人　ひとり
日和　ひより
二人　ふたり
二日　ふつか
吹雪　ふぶき
下手　へた
部屋　へや
迷子　まいご
真面目　まじめ
真っ赤　まっか
真っ青　まっさお
土産　みやげ
息子　むすこ
眼鏡　めがね
猛者　もさ
紅葉　もみじ
木綿　もめん
最寄り　もより
八百長　やおちょう

八百屋　やおや
大和　やまと
弥生　やよい
浴衣　ゆかた
行方　ゆくえ
寄席　よせ
若人　わこうど

《参考文献》
『学校文法概説』永野　賢著　朝倉書店
『悪文の自己診断と治療の実際』永野　賢著　至文堂
『何でもわかる　文章の百科事典』平井昌夫著　三省堂
『学研　現代新国語辞典』金田一春彦編　学習研究社

『日本国語大辞典　第二版』全13巻　小学館国語辞典編集部編　小学館
『新明解国語辞典　第六版』山田忠雄ほか編　三省堂
『現代国語例解辞典　第一版』尚学図書編、林巨樹監修　小学館
『全訳 漢辞海　初版』佐藤進・濱口富士雄編、戸川芳郎監修　三省堂
『現代漢和辞典』木村秀次・黒沢弘光編　大修館書店
『現代漢語例解辞典　第一版』尚学図書編、林大監修　小学館
『例解慣用句辞典』井上宗雄監修　創拓社
『明鏡ことわざ成句使い方辞典』北原保雄編著、加藤博康著　大修館書店
『故事ことわざ辞典』宮腰賢編　旺文社
『例解学習ことわざ辞典　第二版』小学館国語辞典編集部編　小学館
『現代形容詞用法辞典』飛田良文・浅田秀子著　東京堂出版
『活用自在反対語対照語辞典』反対語対照語辞典編纂委員会編　柏書房
『数え方の辞典』飯田朝子著、町田健監修　小学館
『暮らしのことば擬音・擬態語辞典』山口仲美編　講談社
『類語大辞典』柴田武・山田進編　講談社
『分類語彙表　増補改訂版』国立国語研究所編　大日本図書
『敬語』菊地康人著　講談社学術文庫
『敬語再入門』菊地康人著　丸善ライブラリー
『敬語の指針』（文化審議会答申　平成十九年二月）
『平成19年度版　日本語検定公式１～６級過去・模擬問題集』矢田勉監修、石川昌紀・小木曽智信・近藤明日子・日本語検定委員会著　東京書籍
『平成20年度第１回版　日本語検定公式１～６級過去・練習問題集』矢田勉監修、石川昌紀・小木曽智信・近藤明日子・日本語検定委員会著　東京書籍

日本語検定公式《にほんごけんていこうしき》テキスト・例題集《れいだいしゅう》「日本語《にほんご》」中級《ちゅうきゅう》　増補改訂版《ぞうほかいていばん》

第１刷発行　2016年９月４日
第８刷発行　2025年３月24日

著　　者　安達雅夫・川本信幹・速水博司・須永哲矢

発 行 者　渡辺能理夫
発 行 所　東京書籍株式会社
東京都北区堀船2-17-1　〒114-8524
電話03-5390-7531（営業）03-5390-7505（編集）

印刷・製本　TOPPANクロレ株式会社

ISBN978-4-487-81052-9　C0081

https://www.tokyo-shoseki.co.jp
日本語検定委員会　https://www.nihongokentei.jp